最強のUDONツアーズ！

ニュ…オ…プン店ぞくぞく！

首都圏＆讃岐のうどんの名店150

～いま食べられるもっとも旨い店セレクション～

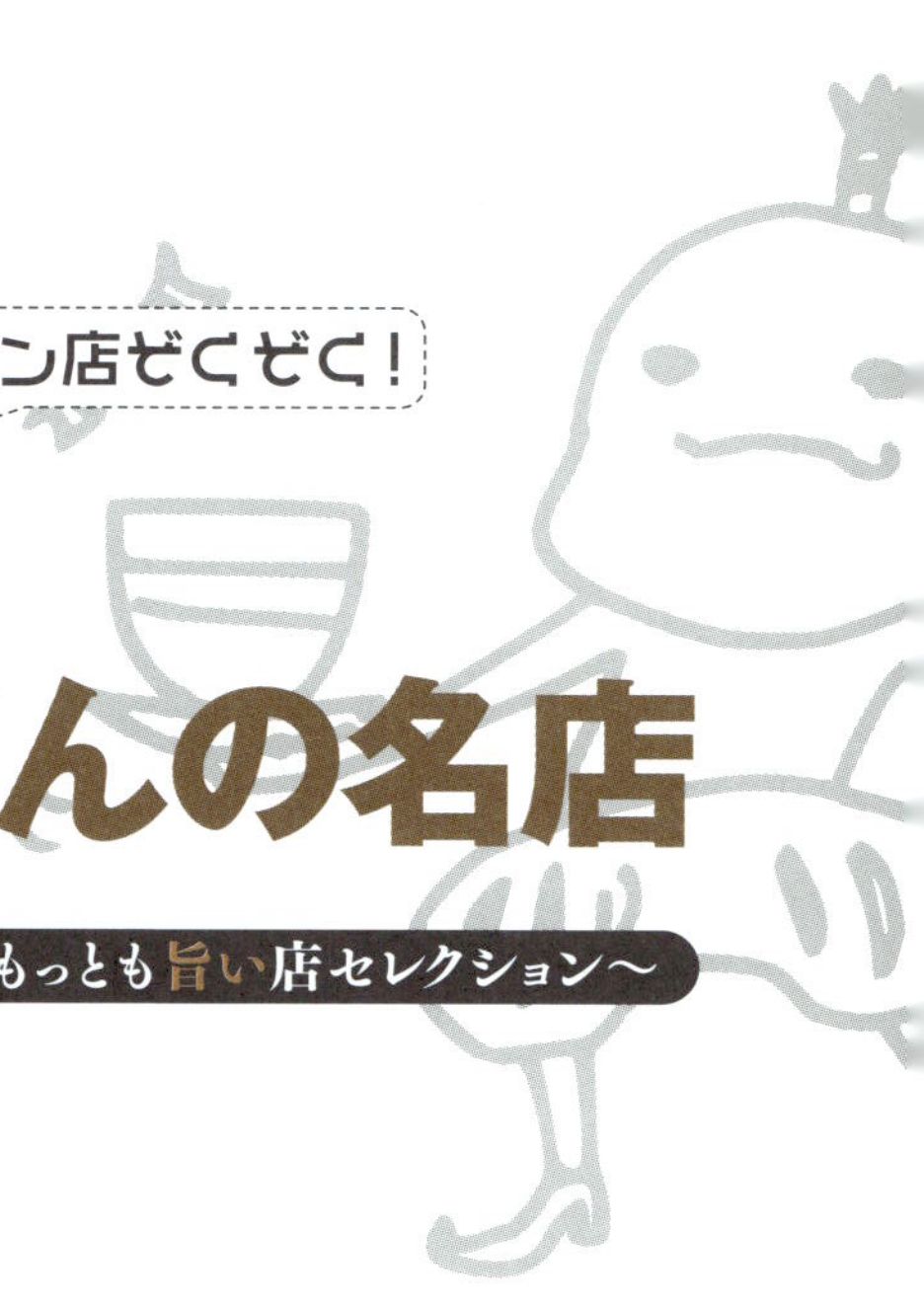

はじめに

「うどん」その言葉を聞くと、
みなさんは何を思い浮かべるでしょうか？

讃岐うどんのコシ、稲庭うどんののど越し、関西うどんのはんなり感・・・・・・。

「えー、イメージわかないよ」という方もいるでしょう。そうなんです。一口にうどんといっても、ご当地によって見た目も味も違えば、人によっても捉え方が違うんです。ということは「うどんってとっても幅広い」ということになりますね。

そんなうどんをあらゆる角度から紹介したのが、この一冊。首都圏のおいしいうどん屋さんをメインに、香川をはじめ、全国の「超オススメうどん店」がめじろおし！ その数なんと150軒！ しかもニューオープン店も続々！

さらにご当地うどんや食材の説明、通販やカップうどんの紹介、さらには、うどん検定と、盛りだくさんです。

ぜひビジュアルで、内容で、そして鮮度で、うどんを堪能なさってくださいマセ♪

これ一冊で、うどんの「今」が分かります！

はんつ遠藤

見せます！全150軒

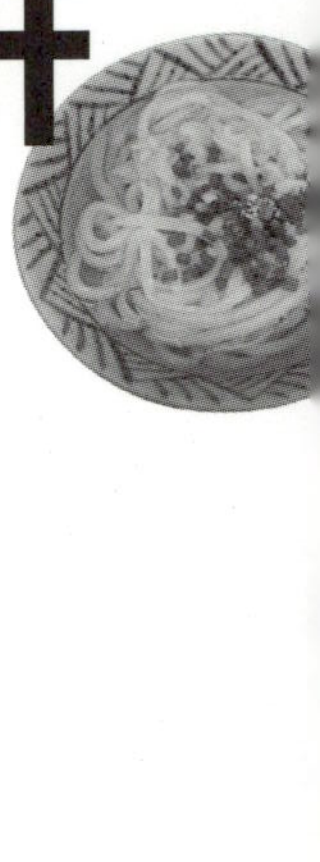

最強ツアー その1 13店舗

最強ツアー その2 13店舗

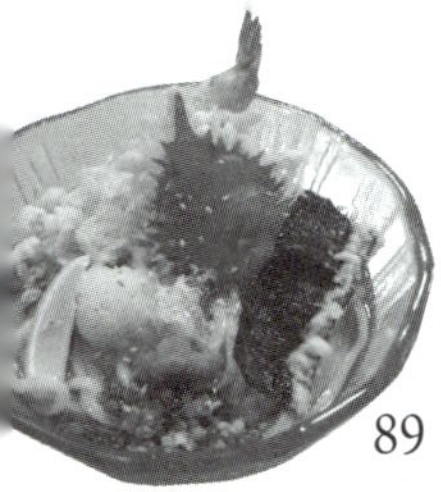

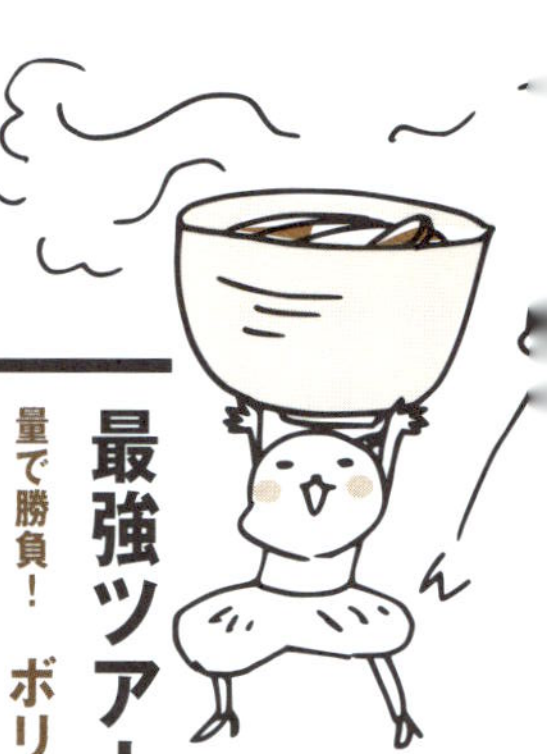

最強ツアー その3 13店舗

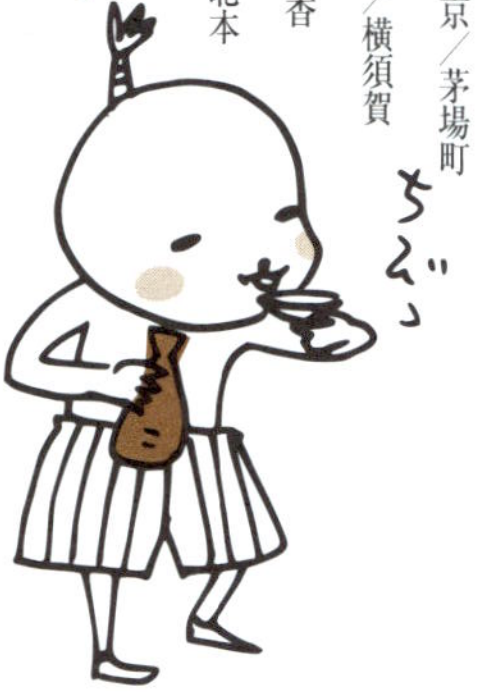

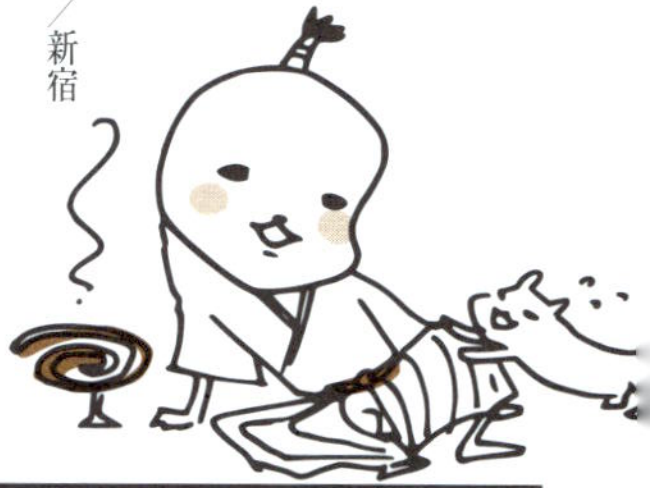

最強ツアー その4 13店舗

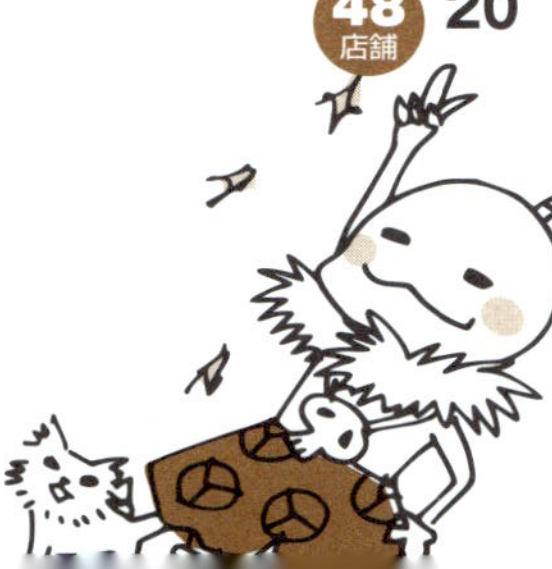

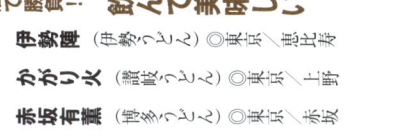

系統別目次

SYSTEM MAP CONTENTS

流行の先端！

伝統の味
ニューオープン
VS
老舗

ニュー
オープン

オリジナルうどん

東京／西早稲田

熱々の土鍋でスパイス香る

金飩家

２００５年10月21日オープン。西早稲田といえばラーメン激戦区。なのに、この場所でうどん店。それが『金飩家』の凄いところだ。「ここで成功すれば、どこでも大丈夫」といった意気込み。「学生さんなど若い人も多く、情報の発信力もある」のも要因だそう。

福生のハッティーが生みの親

こちらのうどんの味は、東京・福生の名店『ハッティー』の流れを汲む。看板メニューの「異国カレーうどん」は、12種類のスパイスを使用。特に野菜をふんだんに使い、じっくりコトコト、ペースト状になるまで煮詰めてゆく。赤ワインや中国醤油も入る、香り豊かなカレースープだ。おまけに豚ひき肉の旨みも加わり、さらにネギ油で香りづけ。

スパイスの複雑なテイスト

それらが熱々の土鍋スタイルで提供される。まず、カレーの風味、そして辛味、さらに野菜の甘み、そしてひき肉やネギ油のまろやかテイスト…で、最後に、各種スパイスの複雑なテイスト。まさしくここだけの創作カレースープの味だ。このボディのしっかりしたスープに合うのは、やはり太くて厚いうどん。国産小麦粉１００％のうどんは、煮込まれてもコシのあるもちもちな食感で提供される。もちろんうどんはカレーだけでなく、「柚子豚うどん」（８８０円）などのさっぱりうどんもラインナップ。こちらはかつおだし香るテイストだ。さらに「異国カレーライス」（６８０円）や、「カツカレー」（８８０円）など、カレーライス系も充実。朴訥《ぼくとつ》としてブラウンの木のぬくもりが活きる店内で、ガツンとカレーをいただこう。

大石 栄さん

Data

金飩家（きんどんや）

東京都新宿区西早稲田
2-10-15
☎ 03-5272-7007
営業時間／11:30～15:30
17:00～23:00
定休日／無休

異国カレーうどん 680円

ニュー
オープン
讃岐うどん
東京／千石

うどんに喜び、元気を得る
元　喜

その屋号「元喜」には、おいしい讃岐うどんを食べて喜び、明日の元気の活力にしてほしいという願いが込められている。2005年12月にオープンした新店だ。

脱サラでうどん店主に

店主の岩崎良蔵さんは、建築関係の仕事に約30年。転勤先の香川で讃岐うどんの魅力に気づき、早期退職してうどん店主へと脱サラした。「半年間探しましたね」と語る岩崎さん。400軒くらいの物件情報を検討したそう。この地は意外と住んでいる人が多いのに、飲食店が少ないため、この地を選んだそうだ。

洗練されたぶっかけうどん

こちらでは常に、打ちたて、茹でたて、揚げたてを守る。というよりも全てにこだわりを感じるのだ。うどんの粉は国産小麦100%。北海道産昆布、高知産鰹節、自然海塩、46億年の塩、など食材も厳選。水も軟水を用い、より洗練された味わいが楽しめる。「やまぶっかけ」は通常のぶっかけうどんに、山芋や生玉子などがのる。これを爽やかなるぶっかけのつゆをかけて、ぐちゃぐちゃに混ぜて味わう。縦方向に伸びる、しなやかなうどんだ。『元喜』では「おでん各種」を100円で提供。大根、玉子、練り物などで本場よろしく、カラシと甘味噌でいただく。夜には「揚げだし豆腐」(400円)、「かしわ天盛り合わせ」(400円)、「えび天ぷら」(500円)などもラインアップ。岩崎さんはこう語る。「お客様もパートナー。共に成長していきたい」常に全力投球…そんな真剣さがひしひしと伝わってくる。

岩崎 良蔵さん

Data

元 喜（げんき）
東京都文京区千石 1-19-8
エクセル千石 101
☎ 03-3945-8017
営業時間／ 11:30 ～ 14:00
17:30 ～ 21:00
定休日／月

やまぶっかけ 650円

名店『きくや』の遺伝子が流れる

小　町

武蔵野うどんかきあげ付き５玉（普通盛）　700円

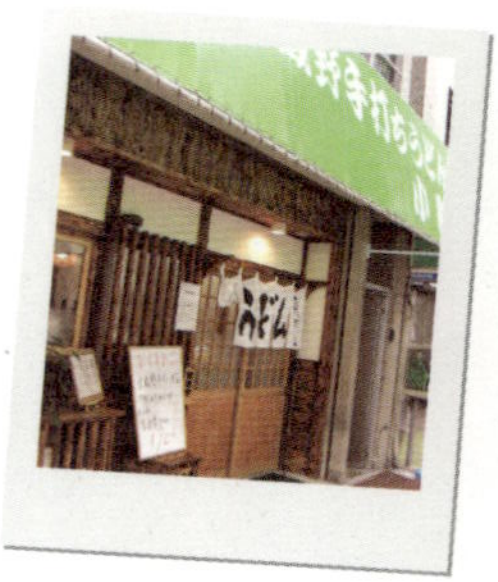

２００６年２月オープン。小町浩之さんと美穂さん、そして美穂さんのお父さんである実さんが切り盛り。店内は板の間の座卓もある、どこか懐かしい印象。浩之さんは雑誌関係などの仕事を経て、うどん店主に。実は、奥さんの父である実さんが『きくや』（東村山）の息子さん。その影響もあって、『きくや』のうどんを食べてハマってしまい、修業を積んで、独立したというわけ。麺は前日にこねて踏んだものを、当日に延して切る。地粉で打つ麺は、朴訥でいて、ややもちもち感のある太うどん。つけ汁はもちろん豚肉入りタイプ。カツオがメインの、甘めながら、割とスルッとした汁。ある程度食べてから、生姜とワサビ、小松菜、刻みネギなどの薬味を入れると、カツオ風味が全面に出てくるから不思議だ。かきあげは実さんの担当。ふんわりとした仕上がりは、丁寧な仕込みの賜物だ。

Data

小町

東京都三鷹市上連雀 2-3-7
☎ 0422-76-2258
営業時間／ 11:30 ～ 14:30
17:00 ～ 22:00（L.O.）
定休日／水

レトロな雰囲気に酔いしれる

あのう吟水

ニュー
オープン
オリジナルうどん
千葉／君津

元気うどん　880円

完全予約の薬膳炭火焼「あのう」が、うどん専門店を4月15日にオープン。その名も「あのう吟水」。昭和30年代を彷彿とさせる店内、レトロなユニフォーム、そして当時の歌謡曲が流れる雰囲気は、ずっとここにあったような印象を持つから不思議だ。井戸水である上総の名水を使用したうどんで、太いストレートタイプでつるつるしこしこ。だしは関西風。化学調味料を使用せず、昆布、するめ、本ガツオなどで取った、すっきりとした中にコクのあるタイプだ。一番人気は「元気うどん」。山イモやオクラなどネバネバ系の食材を、うどんとよく混ぜて味わうのがベスト。他にもほぼ毎月ごとに限定メニューができるそう。これからも目が離せない一軒だ。

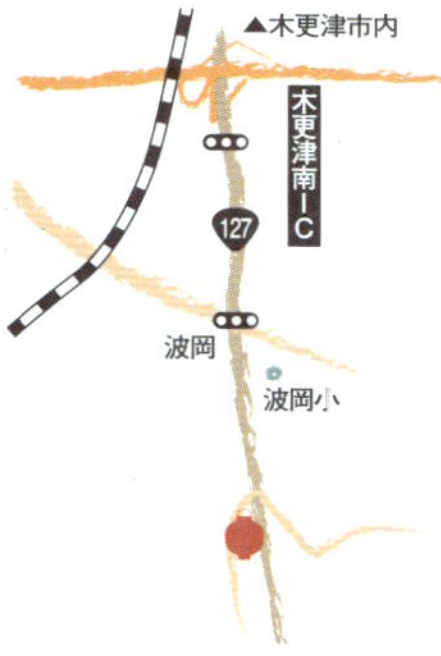

Data

あのう吟水（ぎんすい）

千葉県君津市北子安 874-2

☎ 0439-50-8531

営業時間／ 11:00 ～ 14:00
16:30 ～ 20:30
㊏ 11:30 ～

定休日／無休

ニューオープン
讃岐うどん
神奈川／茅ヶ崎

湘南で喜ばれ、愛される

湘喜

えび餅ぶっかけ　600円

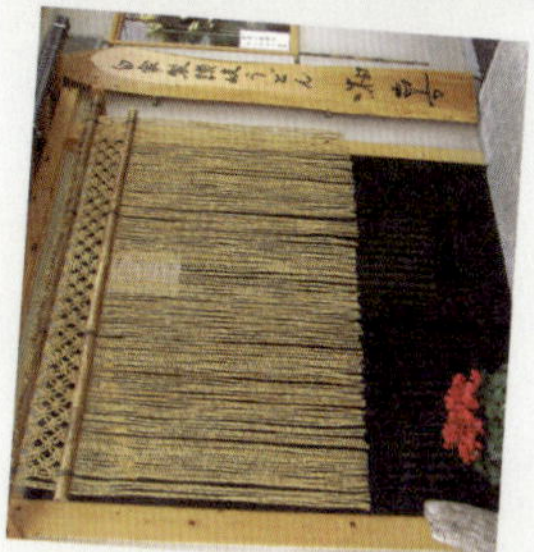

茅ヶ崎の海岸に近い、自然感あふれる地域。ここで、「湘南で喜ばれ、愛されるうどん店をめざす」のが『湘喜』だ。店主の色部正廣さんは元々、5年で1000台も売ったほどの凄腕カーディーラー。でも「いつかは自分の店を構えたい」とうどんの道を選んだ。「全てにこだわる体質」と笑うだけあって、お客さんに分からないよう、毎日少しずつ何かを変えている。昆布の切り方に切り目を入れるなど、独自のアイデアで研究を重ねる。イチオシは「えび餅ぶっかけ」。細めでエッジの効いた、むにゅっとしたうどんに、ほんのり甘みのあるすっきりだし。そこに、ぷりっとしたえびや柔らかい揚げ餅。お店の床にはミッキーマウスが6つ見え隠れ。そんな遊び心も楽しい。

Data

湘喜（しょうき）

神奈川県茅ヶ崎市柳島 2-10-1

☎ 0467-86-1534

営業時間／11:00～14:30

定休日／日・祝

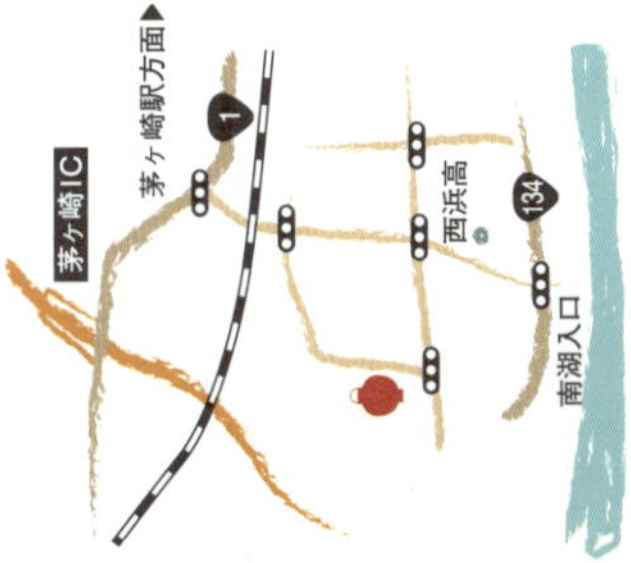

おしゃれな店内で絶品うどん

六本木 UDON

ニューオープン

オリジナルうどん

埼玉／越谷

カレーうどん全部のせ　1000円

越谷駅より徒歩数分の地に『六本木UDON』の文字。2006年4月7日オープンの新店だ。店を切り盛りする山本翼さんと翔さんは、4年間六本木の『京風うどん祇園亭』で京風うどん、カレーうどんを出していた。そんな背景からか、内装はピカピカの黒と白でまとめられて、おしゃれなバーのようだ。ところがカレーうどんが絶品！スパイスを25種も使用したカレースープは、クリーミーで奥深い。まろやかな中にさらっとしたスパイスが様々な方向にはじけている。それを受け止めるのが、細めのうどん。ツルツルっとしたストレート麺はのど越しもいい。特に「カレーうどん全部のせ」（1000円）は、チーズ、餅と和牛のしぐれ煮。この和牛しぐれは、国産黒毛和牛サーロインと牛タンを刻んだもので、まさに絶品！

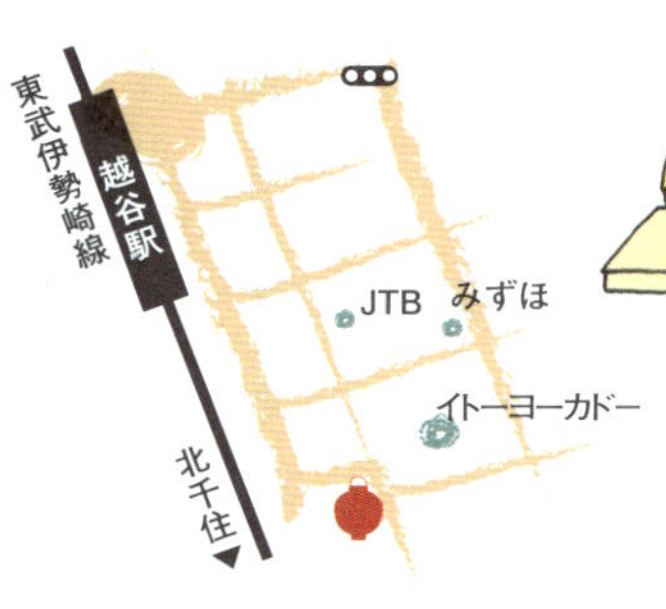

Data

六本木 UDON

埼玉県越谷市越ヶ谷 1-15-9 広栄ビル 1F

☎ 048-962-9156

営業時間／ 11:30 ～ 15:00
18:00 ～翌 2:00

定休日／日

裏横浜に名物カレーうどん

平沼田中屋

走舗
オリジナルうどん
神奈川／横浜

大正9年創業のそば店。そう聞くと純和風な店構えを想像するかもしれない。だが『平沼田中屋』は和風モダンな店内。常に掃除が行き届いた店内に、JAZZが流れている。この周辺は「裏横浜」と呼ばれる地域。商店街の一角にあって、一日中お客さんが絶えない人気店だ。

一念発起で有名店へ

3代目の鈴木俊弘さんは、小学生のときから店を継ぎたいと思っていたそう。「もともとは出前が8割のお店だったんです」長男が生まれて、「これではいけない」と一念発起。各地を食べ歩き、研究を重ね、今のスタイルになった。そんなこだわりがメニューの随所に見られる。例えば看板の「きざみ鴨せいろ」。きざんだ鴨が入ったオリジナルそばは、あえてつけ汁の器を小さくすることで、鴨油が上手にそばに絡むように計算されている。

そば店の良さが生きるうどん

それと共に名物なのが「裏横浜カレーうどん」と命名された、ポーク、チキン、竜田の3種のカレーうどん。いわば「そば屋さんの良さが活きるカレーうどん」。本ガツオ、宗田ガツオ、サバ節などでとったそばのかけ汁に、各種スパイスを調合したカレールーを合わせたスープは、辛さの中にとろみと甘みが見え隠れ。キレとコクが一体化した、そんなスープだ。そこに細打ちのつるつるとしたうどんが加わり、絶妙なバランスとなっている。「新メニューなどもみんなで話し合いをして、ピラミッド式に決めていきます」と鈴木さん。常に全員でがんばる、そんな「気」の入った雰囲気。これからの限定メニューにも期待したい。

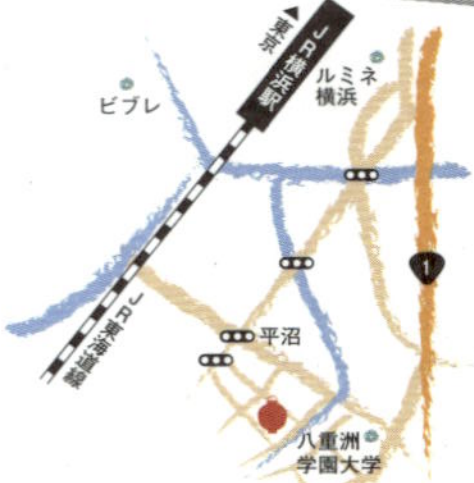

鈴木 俊弘さん

Data

平沼田中屋

神奈川県横浜市西区平沼 1-5-21
☎ 045-322-0863
営業時間／11:00～21:00
定休日／日・祝

ポークカレーうどん 880円

走舗
オリジナルうどん
東京／牛込神楽坂

今では常連が列をなす

花びし茶屋

事務所等の入った高層建物の一階。表からは少し中に入るが、昼時には行列になるほどの人気店だ。店内はカウンターとテーブル席。創業以来約30年、「少しずつ常連さんが増えてきたって感じだね」と店主の塩澤利雄さん。この建物も塩澤さんの所有。もともとは親の代にこの地で洋品店を営んでいたそう。その後、お姉さんの旦那さんが錦糸町で讃岐うどん店を始め、自らもそこの経営コンサルタントを行う傍ら、ここでうどん店を始めたというわけ。

優しい仕上がりにファン多し

関東で長年営まれているうどん店は、汁が醤油濃いめのところが少なくない。だが、『花びし茶屋』のだしはあっさり関西仕立て。まず利尻昆布でだしを取り、次にいりこを入れて沸かす。それから宗田ガツオ、サバ、ウルメの混合節を効かせて、最後に花ガツオでふわっと香り付け。醤油は小豆島産を用いるこだわりも。そこに、前日から仕込む太めのしなやかなうどん。全体的に優しい仕上がりになっている。珍しいのは、定番メニューとともに書かれた「豪力うどん」。このためにわざわざ特注されたお餅に、国産牛肉、あげ玉など。名前どおり、うどんを食べたら活力が湧いてきそう。

カレーうどんも3種類

また昨年からは、「特製カレーうどん」(945円)も登場。これは、牛、豚、鳥の3種類。なかなか、うどんやさんで3種類のカレーうどんがあるところは珍しい。実は塩澤さんは、その昔、カレーやさんも営んでいたのである。その技がまた活かされたうどんなのだ。

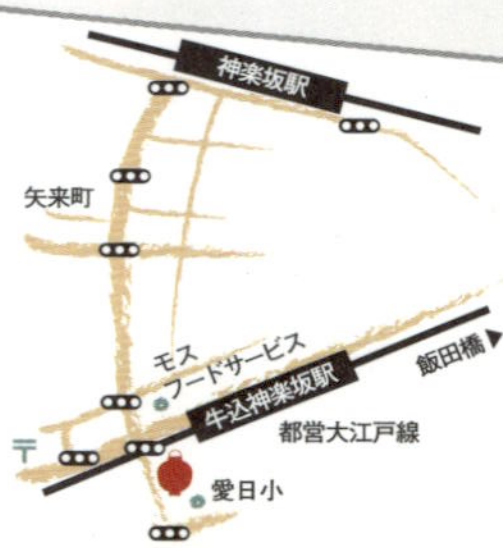

塩澤 利雄さん

Data

花びし茶屋
東京都新宿区北町 23
ロワール神楽坂 1F
☎ 03-3260-9474
営業時間／ 11:00 ～ 14:00
16:30 ～ 20:00
㊏ 11:00 ～ 14:00
定休日／日・祝

豪力うどん 945円

走舗
名古屋うどん
東京／浅草

本場、名古屋の味を東京で再現

山本屋総本家 浅草雷門店

親子煮込（名古屋コーチン） 1400円

創業大正14年。いわずと知れた、名古屋の老舗。そこが最近になって東京に進出。神田和泉店は2004年11月、ここ浅草雷門店は2005年9月にオープンしたばかりだ。木のぬくもりを活かした和の内装。地下から3階まであり、全74席の大きな店舗。「あえて東京に合わせず、本場の味で勝負しています」と語るのは東京を統括する高橋将義さん。生麺を直接に土鍋で煮込む。麺には塩を使用しないため、煮込んでも硬いままだ。そこに八丁味噌や白味噌ベースのスープ。渋みや苦味の中に甘みも感じる仕上がり。イチオシは「親子煮込（名古屋コーチン）」。名古屋コーチンのしっかりとした鶏肉や、新鮮で高級な生玉子が載る。また「ごはん」（200円）をスープと共に味わうのもオススメだ。

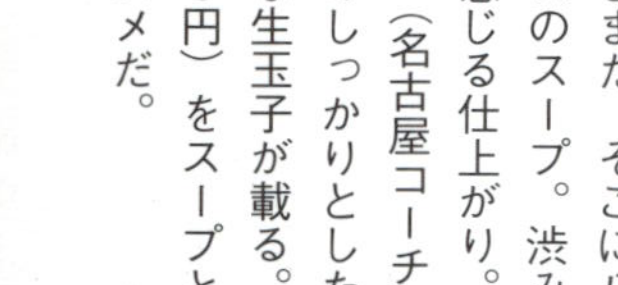

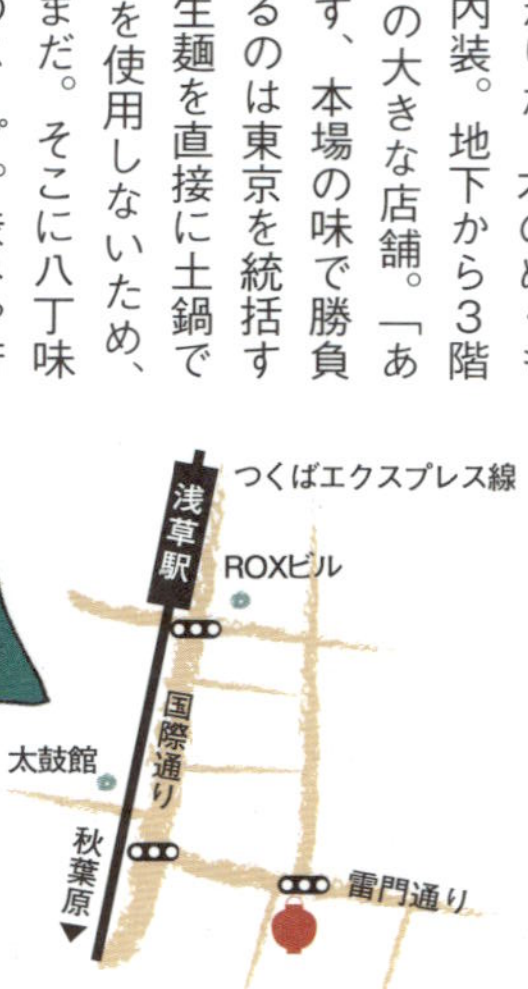

Data

山本屋総本家 浅草雷門店

東京都台東区雷門 1-15-9
☎ 03-5806-0880
営業時間／ 11:30 ～ 15:00
17:30 ～ 21:30（21:00 L.O.）
定休日／月

走舗

稲庭うどん

東京／新橋

一流の味が低価格で味わえる

七　蔵

稲庭うどん（小）＋ミニ丼　1000円

創業は今から約25年前。昨年2階のフロアーに移った。入口は狭いが、奥が広い店内はガラス窓も大きくて開放感あふれる雰囲気。ご主人の葛西剛男さんは東京プリンスホテル出身。もともとは天ぷら、鰻、割烹料理が専門だったが、独立して店で稲庭うどんを提供するように。うどんは、稲庭うどんの名人、後藤文一さんの特注で、なんとも瑞々しいうどんだ。これをゴマ風味のただよう鴨つけ汁で味わう。と共に、とってもお得な300円の丼も人気だ。まぐろづけ丼、まぐろ丼、ちらし丼。これを目当てに足しげく通う常連さんも多いそう。夜は、うどんのほかに天ぷらやふぐなど、日本料理の一品モノも充実。実は料理人もほとんどが東京プリンスホテル出身。一流の味が低価格でいただけるのに驚き！

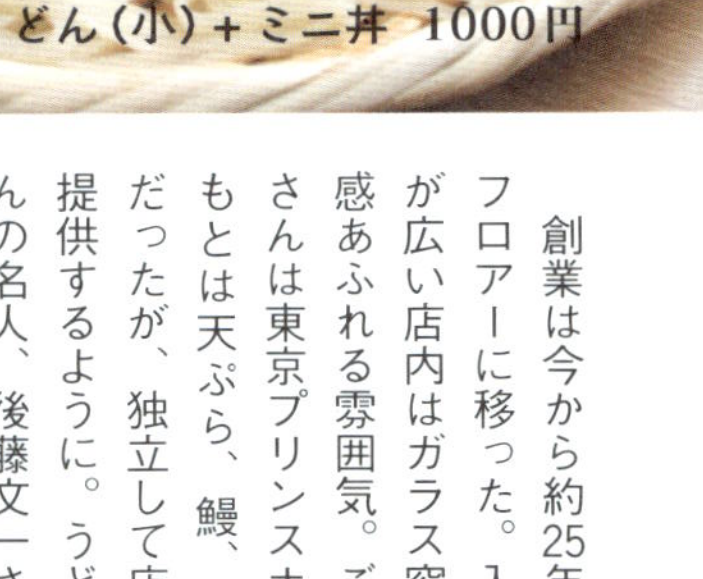

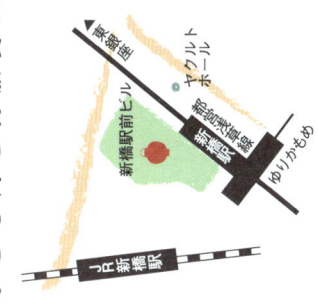

Data

七蔵（ななくら）

東京都港区新橋 2-20-15
新橋駅前ビル 1 号館 2F
☎ 03-3571-5012
営業時間／ 11:20 ～ 14:00
17:00 ～ 22:00（21:00 L.O.）
定休日／土・日・祝

肉汁もり 650円

玉売りからスタートした 手打ち房 とき

創業以来約30年。武蔵野うどんの草分け的存在。「もともとこの場所で父が町工場をしてたんです」と、店主の宮寺眞吾さん。その地で、22歳の時、うどんの玉売りを始めたのが最初だそうだ。『とき』のうどんはもちろん手作り。長野産の粉を用いた麺は、ややクリーム色をしていて、地粉の良さが綺麗に出ている。普通に頼むと、むにゅむにゅっとした食感のものが出てくる。そのほか、かため、やわらかめ、ふと、ほそ、など様々なニーズにも対応してもらえるのも嬉しい。汁はカツオがメインの濃いめで甘め。醤油、砂糖、みりんで味付けをしているそうだ。食べていると、ざるの中に幅広の塊を発見した。「それ、麺を打った時にでた、端っこの部分ね」と宮寺さん。そんなちょこっとした遊び心も、またリピートしたくなる。

Data

手打ち房 とき
東京都東村山市野口町1-7-10
☎042-394-9800
営業時間／11:30～15:30（麺なくなり次第閉店）
定休日／日・祝

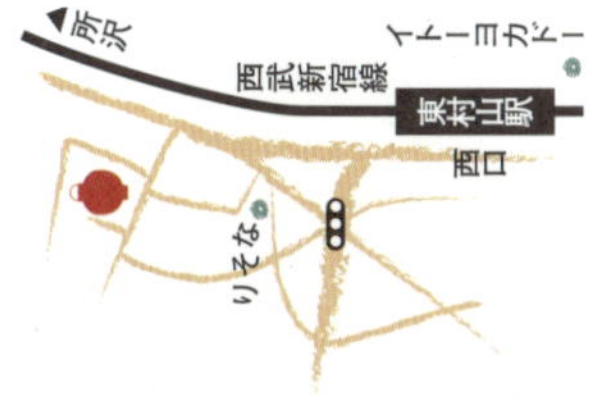

走舗
武蔵野うどん
東京／一橋学園

小麦粉本来の風味が味わえる

むぎきり

あったかつけめん　800円

「むぎきり」とは小麦を打って切ったもの。すなわち「麦切り」、うどんを表す。テーブル席と座敷席は、典型的なうどん店の内装だ。ご主人は2代目の松村好洋さん。前日から仕込むうどんは、群馬県産の無漂白地粉を使用した武蔵野うどんの系統だ。少し茶色がかったそれは、ややねじれていて、コシが強く、小麦粉本来の風味や味がダイレクトに伝わってくる。「あったかつけめん」はそこに温かい肉汁がつく。常に厳選した食材を使うのも『むぎきり』の特徴だ。枕崎産のカツオ、金沢産の醤油、新潟産のみりんなどを用いただしは、洗練された風味をかもしだしている。また店内では「手作り味噌」や「乾燥しいたけ」「放し飼い玉子」なども販売していて、それを目当てに訪れるお客さんも多いそう。

Data

むぎきり

東京都小平市学園西町 1-26-26
☎ 042-344-5151
営業時間／ 11:30 ～ 14:30　17:00 ～ 19:30
（いずれも売り切れ次第閉店）
水は昼のみ営業
定休日／木（祝日の場合は営業）

九代目が店を守る

岡村屋

老舗
加須うどん
埼玉／加須

肉南うどん　850円

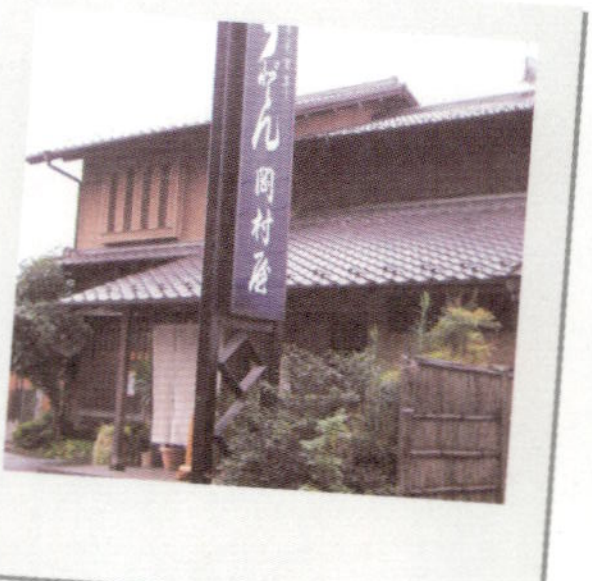

うどんの街「加須」にある老舗。創業が寛政年間というから驚きだ。「不動岡不動尊」のまん前で、和風然とした、いかにも歴史のあるたたずまいだ。店を守るのは九代目の岡政敏さん。「でも、最初からこの店を継いだわけではないんです」と岡さん。東京は飯田橋にある『小川家』で修業を積んだそう。『岡村屋』の麺は独特だ。「市内でもほとんど見かけない」という半生麺スタイルだ。つまり、打った麺を笹に吊るして、外で干す。そのため、きしめんのように割と平べったく、生麺よりもしっかりとした歯ごたえが楽しめるのだ。オススメメニューは「肉南うどん」。また「いか天ぷらうどん」も名物だ。決して派手ではないけれど、しっかりと味を守っている。それが200年続く秘訣なのかもしれない。

Data

岡村屋

埼玉県加須市不動岡 2-6-40
☎ 0480-61-0751
営業時間／ 11:00 ～ 14:00
17:00 ～ 19:00
定休日／月・第３火

ご当地うどん名鑑

はんつ遠藤

うどんはいまや第二のご当地うどんブーム。そのなかで、見逃せないのがつぎのご当地うどんだ。水にこだわり、小麦粉にこだわり、それぞれの個性の追求がそこにある。どこもぜひ旅行ついでに寄ってみたいとこばかりだ！

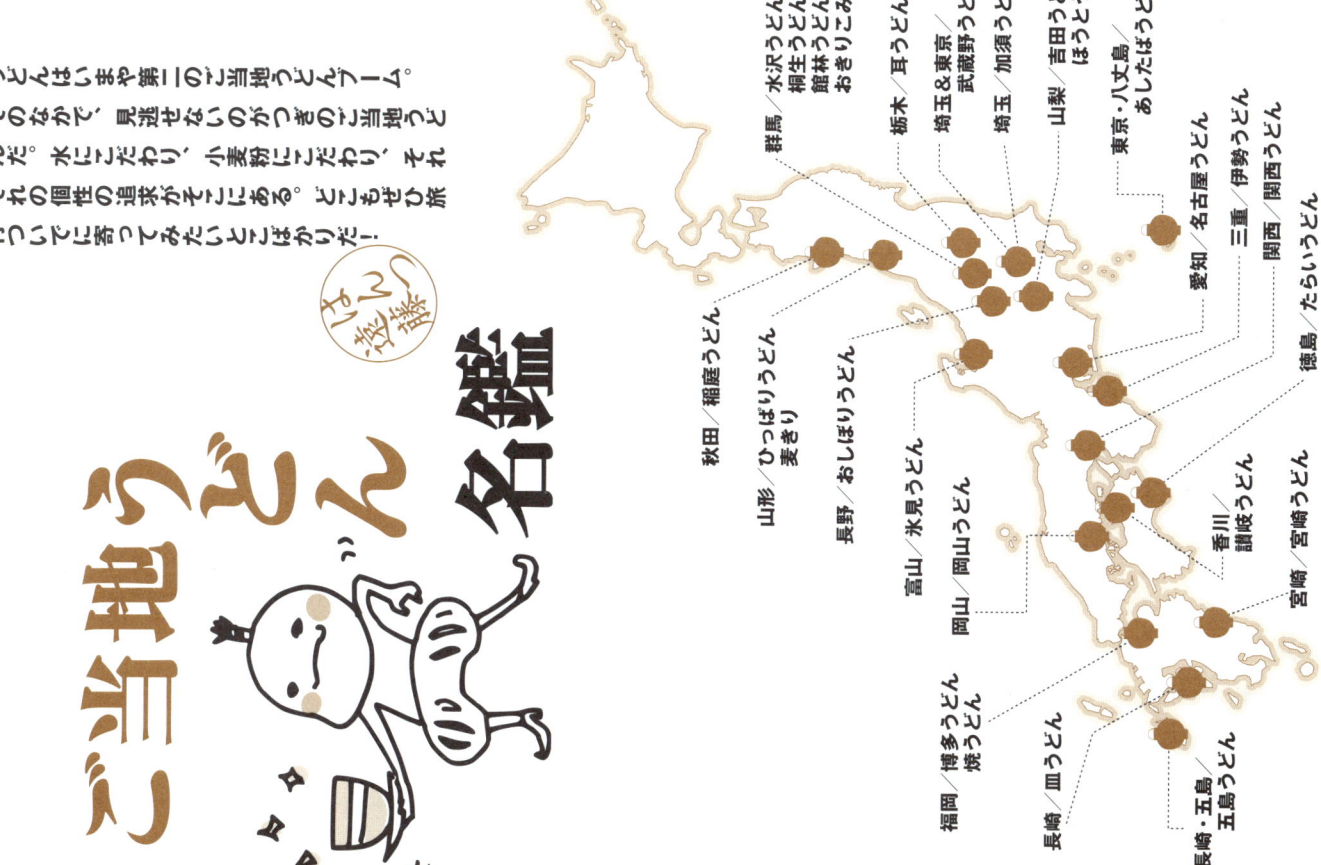

秋田秘伝の技
稲庭うどん

秋田県稲川町周辺。江戸時代初期に佐藤市兵衛が考案し、寛文5年（1665年）に佐藤吉左エ門が確立した製法が元祖といわれる。秋田の佐竹藩御用達として代々秘伝とされてきたが、昭和49年に七代目佐藤養助が製法を公開、一般に出回るようになった。手綯《な》いという、伸ばした小麦粉の麺を8の字に2本の竿にかけて作る、極細ストレート麺。乾麺が主体。主なうどん店には『佐藤養助』など。

名水が育んだ極上の麺
水沢うどん

群馬県伊香保周辺。五徳山水澤寺（通称：水沢観音）の門前で参拝客などにうどんを出したのが始まりで、約400年の歴史がある。水沢山より湧出する名水を使用した麺は、太めで切り口が四角いタイプ。加水率の高いストレート麺で、しなやかでいてコシのある仕上がりだ。濃いめのつけ汁でいただく、もりうどんスタイルが一般的。主なうどん店には『元祖田丸屋』など。駐車場の広い、大型店舗が多い。

うどんの町が生んだトレンド
桐生うどん

群馬県桐生周辺。家庭でもうどんを打つ地域で、現在は約130店舗のうどん店が存在する。平成10年には「桐生うどん会」も結成され、うどんマップの作成、スタンプラリーの開催などの活動が。桐生川の清水を利用したうどんは店ごとに傾向が異なるが、もりうどん、かけうどんが主体。幅広のひもかわと呼ばれるうどんを使用した料理を置いている店も。主なうどん店には『川野屋本店』など。

水が命の上州うどん
館林うどん

群馬県館林周辺。「水沢うどん」「桐生うどん」と共に「上州三大うどん」のひとつ。井戸水を使用した、コシの強い太めの麺が主流。生うどんが多いが、半生、乾麺もある。もりうどんが定番だが、かけうどんなども。平成6年には製麺所や飲食店など約40軒で「麺のまち『うどんの里館林』振興会」を結成。食べ歩きマップの作成や、手打ちうどん教室などの活動を行う。主なうどん店には『花山うどん』など。

日本一硬い麺

吉田うどん

山梨県富士吉田周辺。元祖は『桜井うどん』。日本一硬いといわれるご当地うどんで、太くがっしりとした麺の仕上がり。汁は味噌と醤油の合わせ汁で、かけうどんが一般的。暖かいのと冷たいバージョンがある。最近はつけめんスタイルも。また、具に茹でて刻んだキャベツや、油揚げなどが載るのも特徴のひとつ。現在は約50店舗あるが、ほとんどが11時～14時程度の営業時間。主なうどん店には『桜井うどん』『麺許皆伝』など。

辛味大根でがっつりいきたい

おしぼりうどん

長野県周辺。江戸時代から伝わる伝統料理のひとつ。長野名産の辛味大根をおろしてふきんで絞った汁に、太めでもっちりとした釜茹で状態のうどんをつけながらいただく。つけ汁は大根汁を信州味噌とカツオ節などで味付けするのが特徴。夏季にはうどんを冷やし、もりうどんスタイルにも。江戸時代は広く江戸周辺まで伝承し定着していたが、近年は長野の一部で残るのみ。『古波久』などで食べられる。

江戸文化をいまに伝える

加須うどん

埼玉県加須周辺。江戸時代に總願寺などを中心として参拝客用にうどん店を開設したのが始まり。加水率が多めの面で、滑らかでコシが強くがっしりとした仕上がり。かけうどん、もりうどんスタイルのほか、最近では「冷や汁うどん」と呼ばれる、もりうどんを味噌仕立てのつけ汁でいただく料理も人気。また「加須手打うどん会」もあり、スタンプラリーなどを開催する。主なうどん店には『岡村屋』『子亀』など。

うどんといったら豚肉

武蔵野うどん

東京多摩地区から埼玉県周辺。家庭でうどん作りが浸透していた地域。従来は「かてうどん」と呼ばれる、おかずの入ったうどんが多かったが、約40年前にもりうどんを豚肉入りの汁で食べる形式を『小島屋』（東京・東村山）が始め、広がった。太く、がっしりとした朴訥《ぼくとつ》なうどんが主流。一食の量がとても多いのも特徴のひとつ。また、地粉を使用する店も多い。主なうどん店には『小島屋』『きくや』『むぎきり』など。

ご当地うどん名鑑

やっぱり味噌がサイコー！

名古屋うどん

愛知県周辺。「きしめん」「味噌煮込みうどん」「ころうどん」などがある。「きしめん」は江戸時代にキジの肉を入れた「キジ麺」が変化した説、紀州出身者の作成した「紀州めん」が変化した説などあり。平たい麺が特徴。「味噌煮込みうどん」は塩を入れないうどんに、八丁味噌などのスープ。「ころうどん」は冷やしぶっかけうどん。香露うどんとも書き、醤油ベースのたれがかかる。主なうどん店には『山本屋総本家』『弐込味亭』『川井屋本店』など。

手間かけた細麺が光る

氷見うどん

富山県氷見市周辺。一説では遣唐使によって伝えられたうどんが北前船で氷見に伝来した。いわゆる手延べスタイル。うどんをこねた後、徐々に細く延して乾燥させた半生タイプで、細いストレート麺。つるつるとした食感が特徴。手間と時間がかかる製法のため、生産量が少なく「幻のうどん」とも称されたが、近年は『高岡屋本舗』を始め、数社で製造されるようになった。主なうどん店には『あけぼの庵』など。

黒タレでいただく

伊勢うどん

三重県伊勢周辺。江戸時代初期から伊勢神宮の参拝客へ振舞われているうどん。約360年前に小倉小兵という人がうどん店を開業した記録がある。太くて切り口の丸いストレート麺。製麺所で数十分茹でられた麺が届くシステムで、あたたかい、ふわふわもっちりの独特な食感が特徴。そこにたまり醤油などで作ったとろみのある黒いたれがかかる。全体をよく絡めてから食べるのが伊勢うどん流。主なうどん店には『山口屋』など。

ピュアな出汁でさっぱりいただく

関西うどん

関西周辺。「京うどん」「大阪うどん」などがある。「京うどん」は煮干やしいたけなどを使用せず、カツオ節や昆布などで取った、あっさりとした自然なだし風味。「大阪うどん」はあっさりとしているが、煮干、昆布、節類を使用したコクのあるだし風味。同じ「きつねうどん」でも京都は油揚げを刻んだタイプ、大阪は甘く煮た一枚タイプと違いがある。麺は共に太めで、柔らかめが定番。主なうどん店には『権兵衛』『皐月庵』『てんま』など。

足踏みで旨みを凝縮
讃岐うどん

香川県周辺。平安時代に遣唐使と共に空海が中国から伝達したとされる。うどんをこねる際に足踏み行程があるのが一般的。太くてしなやかなコシのある麺。だしは「イリコ」と呼ばれる煮干主体のすっきりタイプ。温かいうどんに温かいだしをかける「かけうどん」が主体だが、冷たい麺に温かいだしの「ひやあつ」、両方冷たい「ひやひや」なども。だし醤油をかけた「生醤油」などメニューも豊富。主なうどん店には『宮武』『山越』など。

ラーメンにまさる人気ぶり
博多うどん

福岡県周辺。１２４２年に聖一国師により中国から伝えられた。承天寺には「饂飩蕎麦発祥之地」の石碑も。太くて切り口の丸い柔らかいふんわりうどん。「すめ」と呼ばれるだしは昆布、しいたけ、サバ、イワシなどで取り、砂糖、醤油などを加える。いわゆる「かえし」は作らない。全体的に甘いタイプの仕上がりだ。具に丸天(丸いさつま揚げ)やごぼう天が載るのも特徴のひとつ。主なうどん店には『かろのうろん』『春月庵』など。

釜揚げの元祖
宮崎うどん

宮崎県宮崎市周辺。昭和41年創業の『重乃井』が元祖。うどんを茹でてそのまま出す、いわゆる「釜揚げ」スタイルが有名だ。讃岐うどんよりも細く、もちもちとした食感が特徴。茹で時間が長く、約15分程度。また、つけ汁は甘い醤油ベース。青ネギが浮く。麺を茹で汁ごと器に盛り、つけ汁につけながら味わう料理。最後につけ汁を茹で汁のほうにかけて飲むのが宮崎流だ。主なうどん店には『重乃井』など。

椿油薫る
五島うどん

長崎県五島列島。起源は古く、遣唐使により伝来したという説も。細いストレートタイプの乾麺。手延べ製法で作成される。表面の乾燥と、麺どうしの付着を防止するため、五島特産の椿油を使用する。主なメニューは「地獄炊き」。茹で麺をそのまま釜揚げスタイルで味わう。極細麺を五島特産の焼きアゴ(トビウオ)でだしを取った、あっさりとしたつけ汁でいただく。主なうどん店には『竹酔亭』など。

まだまだある！

ご当地うどん

ひっぱりうどん

山形。大きな釜でぐつぐつとうどんを茹で、そこから直接にうどんを引っ張りあげて、各自のお椀に移して味わう。器に薬味や玉子、納豆などを入れて、醤油だれなどを馴染ませて食べる。うどん店は『山せみ』など。

麦きり

山形。江戸時代から伝わるうどん。小麦粉を練ってから細く切ったタイプ。のど越しの良い、やや太めの丸みのある麺で、「ひっぱりうどん」とは逆に、冷やしてつけ汁で味わうのが定番。うどん店は『龍宮』など。

おきりこみ

群馬周辺。かつては家庭で作る日常食。地粉を使用した幅広タイプの麺を切って煮込んだためにその名がついた。山梨の「ほうとう」に似ている。ニンジン、里イモなど野菜と共に煮込む。うどん店は『茶屋本陣』など。

耳うどん

栃木。本来は正月に「耳をかたどったうどん」を食べることにより、魔よけを意味する風習から来た郷土料理。しょっぱめの醤油ベースの汁に耳をかたどった小麦粉の練り物が入る。うどん店は『野村屋本店』など。

あしたばうどん

東京八丈島。伊豆諸島名産の野菜であるアシタバと小麦粉などで練ったうどん。緑色をしたやや太めのストレート麺を「かけうどん」スタイルで味わう。生麺が主流だが、乾麺も製造される。うどん店は『一休庵』など。

ほうとう

山梨。奈良時代に中国から伝わった「はくたく」が起源とされる。カボチャ、白菜など野菜や肉と生麺を煮込み、まろやかな味噌ベースのだしで味わう。麺は幅広タイプの平打ちうどん。うどん店は『小作』など。

岡山うどん

岡山。麺を自分でゆがいてだしをかけ、席へ運ぶ「セルフ方式」が定番。讃岐うどんよりも麺が細めで、しなやかな食感。だしは関西風のコクのある薄口醤油ベースが特徴。うどん店には『名玄』『ふるいち』など。

たらいうどん

徳島県土成町周辺。江戸末期にきこりが川魚をだしにして河原で作ったのが最初とされる。釜茹でのうどんを茹で汁ごと大きな木のたらいに移し、大勢で味わう。つけ汁は魚だし。うどん店には『松乃家』など。

焼きうどん

福岡県小倉。昭和20年創業の『だるま堂』が元祖。焼きそばの麺が入手できずに乾麺のうどんで代用したのが始まりだ。キャベツや豚バラ肉、うどんなどを炒めてソースをかけた料理。『喫茶いち』などで味わえる。

皿うどん

長崎。元祖は長崎の『四海楼』で、初代の陳平順氏が「炒肉絲麺」という中国料理をもとに考案。炒めた麺に豚肉や魚介、野菜が載り、あんかけ風に仕上げた料理。本来は柔らかい太麺。『会楽園』など多数あり。

知って得するうどんの話

「たぬき」は違う！

2005年12月、エースコックから『**三都たぬき合戦**』というカップ麺が発売された。これは僕が監修をした商品で「東京たぬき」「京都たぬき」「大阪たぬき」の３種類。実は、日頃よく、うどん屋さんなどで見かける「たぬき」というメニューだが、地域が違うと中身も違うのだ。まず東京周辺。こちらは「あげ玉入り」が「たぬき」。で、京都は「あんかけがかかった」のが「たぬき」。この２つはうどん、そばともあるが、大阪で「たぬき」といったら「油揚げ入りのそば」。なので、「たぬきうどん」は存在しない。

ところ変われば中身も変わる。あなたの好きなたぬきは、どちら？

はんつ遠藤

全国のご当地うどん店

ご当地うどんの説明に出てきたお店は以下の通りだ。本場に行ったらぜひ訪ねてみよう。全国の有名店を食べ歩いてこそ、真の「うどん通」への道が開けるゾ！

稲庭うどん
佐藤養助

秋田県雄勝郡稲川町字稲庭 20
☎ 0183-43-2911
11:00-17:00
4 月中旬～ 11 月初旬 無休
11 月初旬～ 4 月中旬 月曜休み
♥胡麻味噌せいろ 787 円

万延元年（1860 年）創業。店内には歴史ある賞状などが陳列されている。極細のストレート麺はつるつるとした口あたりで、コシのある仕上がり。その麺を胡麻ベースのつけ汁で味わえるのが「胡麻味噌せいろ」だ。

水沢うどん
元祖田丸屋

群馬県北群馬郡伊香保町水沢 206-1
☎ 0279-72-3019
9:00 ～ 17:00
無休
♥もりうどん 800 円

伊香保町で 400 年以上続く老舗。大型駐車場付きで威風堂々たる雰囲気だ。水沢山より湧出する水で打った麺は透明度が高いやや太めのタイプ。力強いコシのあるうどんに、魚だし香るつけ汁の「もりうどん」がイチオシ。

桐生うどん
川野屋本店

群馬県桐生市仲町 3-9-1
☎ 0277-44-5630
10:30 ～ 19:00
不定休
♥ひも川うどん 600 円

江戸時代から続く『川野屋本店』。昭和の風情が色濃く残った店内もいい。「ひも川」と呼ばれる麺は軒先に半日ほど吊るした半生うどん。ピロピロとした食感が珍しい。ほうれん草やかまぼこなどの具だくさんメニューだ。

館林うどん
花山うどん

群馬県館林市本町 2-3-48
☎ 0276-74-7766
11:00 ～ 14:30
16:30 ～ 19:00
日曜休み
♥海老天麩羅と釜揚げうどん 950 円

明治 27 年創業の老舗。乾麺などの製造販売も行う。もちろん店舗も構えていて、大盛況。自慢の「釜揚げうどん」は、やや太めの麺がほんのり柔らかく、優しい口あたり。大きな海老天麩羅との相性もバツグンだ。

吉田うどん

桜井うどん

山梨県富士吉田市下吉田 93
☎ 0555-22-2797
10:00 ～ 14:00
日曜休み
♥かけうどん（温かいの） 300 円

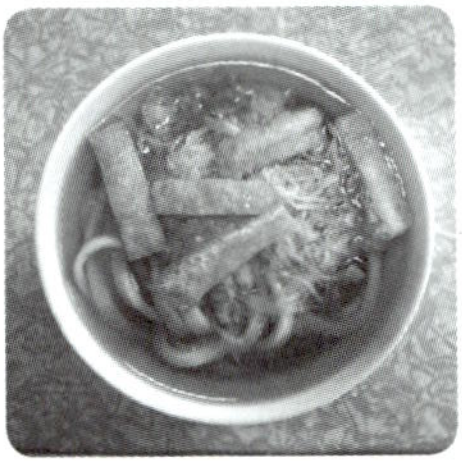

「吉田うどん」の元祖的存在。キャベツが載るスタイルはここから始まった。切り口が四角く、エッジの立ったうどんはがっしりとした仕上がり。そこに醤油味噌混合のつゆが。「すりだね」と呼ばれる辛味調味料が卓上に。

吉田うどん

麺許皆伝（めんきょかいでん）

山梨県富士吉田市上吉田 849-1
☎ 0555-23-8806
11:00 ～ 14:00
日曜休み
♥つけうどん 300 円

日本一硬い「吉田うどん」は、がっしり麺に味噌と醤油仕立ての汁、そして茹でキャベツがつく。中でも「麺許皆伝」は開店前から行列の人気店。「製麺所である父の麺を超えたい」と語る三浦店主。卓上の激辛香辛料もぜひ。

おしぼりうどん

古波久（こはく）

長野県千曲市上山田温泉 1-44-4
☎ 026-276-2787
11:30 ～ 14:00
18:30 ～ 24:00
無休
♥おしぼりうどん 1050 円

東京でテレビ等の仕事をしていた須佐さん。地元へ戻り、温泉客誘致に携わった後、約 20 年前に居酒屋を。名物は約 400 年伝わる「おしぼりうどん」。釜揚げの麺を、信州産の辛い大根を搾った汁と味噌やカツオ節などで。

名古屋うどん

弐込味亭（にこみてい）

愛知県名古屋市瑞穂区汐路町 1-14（2F）
☎ 052-853-0009
11:30 ～ 14:30 17:00 ～ 20:00
月曜日
♥薬膳味噌煮込みうどん大エビ天入り 1580 円

ミニコンサートも開かれる、JAZZ が流れる粋な店。八丁味噌だけを使用した味噌煮込みうどんが評判だ。特に「薬膳味噌煮込み」はクコの実や松の実が入り、からだにも優しい。また、そばにも定評がある。

名古屋うどん

川井屋本店

愛知県名古屋市東区飯田町 31
☎ 052-931-0474
11:00 ～ 14:00
17:00 ～ 19:20 (L.O.)
日曜祝日休み
♥えびおろしきしめん 1260 円

大正 10 年創業。3 代目の櫻井さんがきしめん、煮込み、うどん、そばと 4 種類の麺を打つ。看板メニューは「えびおろしきしめん」。たまり醤油やムロアジなどを使った甘めの汁で、冷たい麺に爽やかな大根おろしが合う。

氷見うどん
あけぼの庵

富山県氷見市窪 495
☎ 0766-91-3511
11:30～15:00(土日11:30 ～ 15:00
17:30 ～ 20:30)
木曜休み
♥氷見和牛の冷しゃぶうどん
1000 円

ご当地うどん処、氷見で製麺工場を営む。販売は乾麺が主体だが、併設のアンテナレストランで生麺がいただける。手延べ麺で、外がつるつる、中がしこしこの食感だ。地元の和牛の載った冷しゃぶもしっとり美味。

伊勢うどん
山口屋

三重県伊勢市宮後 1-1-18
☎ 0596-28-3856
10:00 ～ 19:00
木曜休み
♥伊勢うどん 450 円

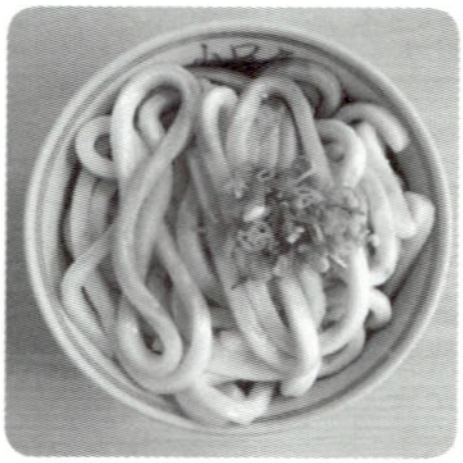

昭和初期に創業。年季の入った木造の佇まいに歴史を感じる。これぞ「伊勢うどん」といった風格の麺は、太いストレート麺で、ふっくらとして柔らかな食感。そこにたまり醤油を使用したすっきりとしたタレがかかる。

関西うどん
権兵衛

京都府京都市東山区祇園町北側
254
☎ 075-561-3350
12:00 ～ 22:00
木曜休み
♥きつねうどん 750 円

昭和初期に創業。京都のうどんで、昆布とカツオ風味のはんなりとしたあっさり醤油だしが特徴だ。きつねうどんは刻んだ油揚げタイプのほかに大きな一枚型の大阪風油揚げバージョンもある。「うどんすき」も定番商品。

関西うどん
皐月庵

大阪府大阪市中央区東平 1-4-5
☎ 06-6762-1468
11:30 ～ 15:00 ごろ
（売切れ次第閉店）
日曜祝日休み
♥カレーうどん 700 円

スローフード的な雰囲気ただよう。麺は讃岐、温かいだしは大阪、冷たいだしは関東風と、さまざまなご当地うどんの良いところを組み合わせる。イチオシは「カレーうどん」。スパイスの効いた濃口スープに酔いしれる。

関西うどん
てんま

大阪府大阪市北区天神橋
1-12-13
☎ 06-6353-1114
11:00 ～ 15:00
17:30 ～ 22:00
日曜休み
♥おじやうどん 750 円

『松葉家』出身。昼はうどん店、夜はうどん居酒屋な雰囲気。「おじやうどん」は2日がかりで仕上げるコシのある麺に、あっさり汁。ご飯なども入れてぐつぐつ煮込んで作る。「カレーおじやうどん」など新ジャンルも。

博多うどん
かろのうろん

福岡県福岡市博多区上川端町2-1
☎ 092-291-6465
11:00 ～ 19:00
火曜休み
(祝日の場合は営業、翌日休み)
♥ごぼう天うどん 440 円

明治 15 年創業。博多弁で「角のうどん屋」という意味のごとく、大通りに面した角にある。ふんわりとした麺に、「すめ」とよばれる魚だしが優しく効くつゆ。ざくざくとした食感のごぼう天もうどんにぴったり合う。

博多うどん
春月庵（しゅんげつあん）

福岡県福岡市博多区竹下1-9-12 平和フーズ工業内
☎ 092-431-1428
11:00 ～ 16:00 ごろ
日曜祝日休み
♥丸天うどん 450 円

明治 23 年創業の製麺所の直営。「中世の博多うどんを再現」したうどん。九州産の小麦粉などを使用した麺はほのかに茶褐色で、やや硬めの仕上がり。そこに透き通る芳醇なあっさり汁。洗面器ほどの大きな器にびっくり。

宮崎うどん
重乃井

宮崎県宮崎市川原町 8-19
☎ 0985-24-7367
11:00 ～ 20:00
金曜休み
♥釜揚げうどん（並）600 円

約 40 年前に創業したうどん店。読売ジャイアンツの御用達店としても知られる。練ってから一晩ねかせた麺は細くてなめらかだ。それを釜揚げスタイルで、利尻昆布や魚だしで取った、甘めのつゆで味わうのが宮崎流。

五島うどん
ふく元 竹酔亭（ちくすいてい）

長崎県五島市籠渕町 2126-1
☎ 0959-72-8150
11:00 ～ 14:00
火曜日
♥地獄だき 735 円（要予約）

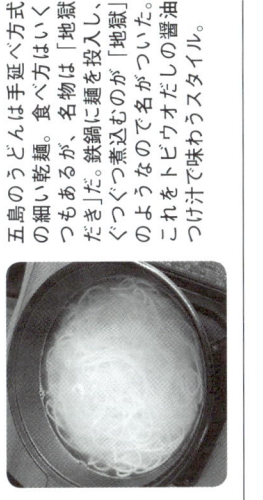

五島のうどんは手延べ方式の細い乾麺。食べ方はいくつもあるが、名物は「地獄だき」だ。鉄鍋に麺を投入し、ぐつぐつ煮込むのが「地獄」のようなので名がついた。これをトビウオだしの醤油つけ汁で味わうスタイル。

ひっぱりうどん
山せみ

山形県西村山郡大江町大字貫見388-5
☎ 0237-64-2008
11:00 ～ 15:00
第 1、3 水曜休み
♥ひっぱりうどん 700 円

基本はそば店だが、うどんや一品料理などにも力を入れている。四季折々の素材を活かした季節限定メニューが魅力だ。「ひっぱりうどん」は冬季限定。その他、同じく山形名物である「板そば」なども人気が高い。

麦きり

龍宮

山形県鶴岡市大字下川字陳田 60
☎ 0235-33-1130
12:00 ごろ～ 18:00 ごろ
不定休
♥麦きり 600 円

料亭のような造りの建物で、名物の麦きりが味わえる。かけうどんともりうどんがあるが、イチオシはもりうどん。つるつるとした舌ざわりの麺は長野産の小麦粉を使用している。魚醤を用いた濃いめのつけ汁もいい。

おきりこみ

茶屋本陣

群馬県碓氷郡松井田町五料 718
☎ 027-393-0479
10:30 ～ 15:00
火曜休み
♥おきりこみセット 1000 円

国道 18 号線沿いの緑豊かな地域で、群馬の郷土料理を伝える店。囲炉裏のある、昔ながらの雰囲気がいい。「おきりこみ」は群馬県碓氷産の地粉を使用した麺。白味噌仕立てのさっぱりとした風味が広がる。

あしたばうどん

一休庵

東京都八丈島八丈町大賀郷 2637-19
☎ 04996-2-3369
11:00 ～ 14:30
17:00 ～ 19:00
無休
♥天ぷらうどん 950 円

八丈島で一番有名といわれる食堂。手打ちうどんのほか、そば、カレーなどメニューも豊富だ。「あしたばうどん」は麺にアシタバが練りこまれていて、緑色をしている。各メニューとも量が多いのも特徴だ。

耳うどん

野村屋本店

栃木県佐野市相生町 2819
☎ 0283-22-0396
11:00 ～ 19:30
木曜休み（祝日の場合は営業）
♥耳うどん 700 円

約 100 年続く老舗のうどんそば店。現在は 4 代目が店を守る。「耳うどん」は約 30 年前からのメニューで、専用のふた付きの器で登場する。中には、耳をかたどった小麦粉料理が 10 数個。柚子の香りただようツユもいい。

ほうとう

小作

山梨県甲府市北口 1-4-11
☎ 055-252-9818
11:00 ～ 22:00
無休
♥かぼちゃほうとう 1100 円

山梨を代表する「ほうとう」専門店。ひとつずつ鉄鍋で出てくるスタイルが人気だ。麺は麺塊から直接切り出す太く平たいタイプ。おすすめは「かぼちゃほうとう」。かぼちゃの旨みが汁に溶けこむ。「熊肉ほうとう」なども。

岡山うどん

名玄

岡山県岡山市平井 6-7-17
☎ 086-273-5472
10:00 ～ 20:00
無休
♥かけ（小） 130 円

岡山で一番古い「セルフ方式」のうどん店。器に盛られたうどんを自分でゆがき、汁をかける。太くてがっしりのつるっとした麺は、手打ちのため、微妙に太さが違う。汁は醤油の濃さで、甘口と辛口あり。すっきりとした味わいで、年中大盛況だ。

岡山うどん

ふるいち チボリ通り店

岡山県倉敷市寿町 1-33
☎ 086-421-7600
11:00 ～チボリ公園閉園 30 分後
無休
♥ぶっかけうどん 410 円

倉敷に 11 店舗を構える「ふるいち」。ぶっかけうどんの元祖の店だ。セルフ方式で、商品を受け取り、自分で席に持っていくシステム。やや細めのコシのあるうどんに、ほんのり甘めのぶっかけ汁で、やみつきになる。

たらいうどん

松乃家

徳島県阿波市宮川内字苅庭 26
☎ 088-695-2084
10:00 ～ 20:00
火曜休み
♥たらいうどん 525 円

宮川内谷川沿いのうどん店。約 600 名収容できる巨大店舗だ。室戸の塩や吉野川の清流水を使用したうどんは硬めの食感で秀逸。だしに溶き玉子を入れるのが珍しい。その他、山菜の釜めしも人気商品。

焼きうどん

だるま堂

福岡県北九州市小倉北区魚町 1-4-17 鳥町食堂街
☎ 093-531-6401
12:00 ～ 18:00
木曜休み
♥焼きうどん 440 円

「焼きうどん」発祥の店。昭和 20 年の創業。当時、焼きそばの麺が入手できず、乾麺のうどんを使用したのが始まり。干しうどんを茹でた、細めで柔らかめのうどんで、ソース味。豚バラ肉やキャベツなどとの一体感もいい。

皿うどん

四海楼

長崎県長崎市松が枝町 4-5
☎ 095-822-1296
11:30 ～ 15:00
17:00 ～ 21:00
無休
♥皿うどん 900 円

明治 32 年創業。現在は 5 階建ての宮殿のような建物がそびえる。「ちゃんぽん」の元祖として知られるが、「皿うどん」も元祖で定評がある。ちゃんぽんと同じ太麺を強火で焼いて具を載せるスタイルが本場流だ。

讃岐うどんVS創作うどん

新味覚発見！

うどんの王道

讃岐出身の正統派の味

さぬきうどん まなべ

讃岐
うどん
讃岐うどん
千葉／柏

店内でうどんを食べていると、なんとなく香川にいる気分になる。それが『まなべ』。それもそのはず、ご主人の真部久義さんは香川出身。しかも元・香川大学農学部教授にしてさぬきうどん研究会会長の真部正敏さんの息子さんだ。

讃岐うどんの良さが活きる

もともと出版社にいたが、「何か人のためにできることをやりたい」と思った末、香川にいる時からもともと打っていたうどんを仕事に選んだ。真部さんの作るうどんは、まさしく正統派の讃岐うどん。細めでしなやかな麺。むちむちとした弾力が口の中で踊る。かけ汁はにぼしが主体で、羅臼昆布やカツオ、サバ、アジ節などが効いている。すっきりとした汁からしみじみ旨みが伝わってくる。

栄養バランスもいいしっぽく

メニューには「かけ」や「釜あげ」などの他に「しっぽくうどん」もある。ニンジンなど野菜がふんだんに入ったうどんは、食生活が偏りがちな現代人にもぴったり。しかも、分厚い鶏肉がゴロゴロ入っているお得メニューだ。珍しいのは「明石風たこ焼き」があること。いわゆる「玉子焼き」と呼ばれるたこ焼きで、うどんの汁にベストマッチ。奥様が一時期、兵庫に住んでいたこともあって、提供するようになった。その他「炊き込みご飯」や一品料理も充実。「国粋」という香川の冷酒で一杯やるのも悪くない。そしてうどんを食べ終わって外に出たら大きな看板を見てみよう。なんと、モナリザがうどんを食べているぞ。

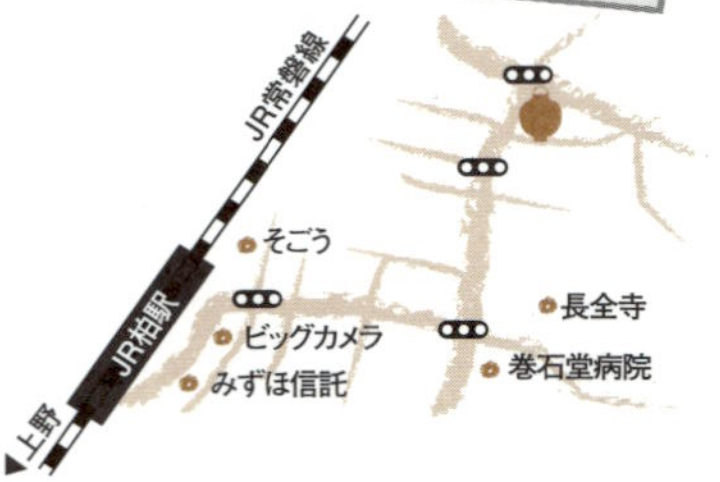

真部 久義さん

Data

さぬきうどん まなべ

千葉県柏市柏 6-8-38
☎ 047-166-8880
営業時間／ 11:30 ～ 15:00
17:00 ～ 20:00
㊐ 11:30 ～ 15:00
定休日／第 1, 3 月・火

しっぽくうどん 590円

讃岐うどん

讃岐うどん
神奈川／相模原

笑う門には福来る

麺工房 笑 門

木目調の落ち着いたカウンターのみの店内。そこに静かにJAZZが流れている。カウンターはけやき。お店を始めるにあたって、椅子なども知り合いの木工屋さんが作ってくれた。壁はご主人の山本康憲さんらが珪藻土を買ってきて、自分で塗ったそうだ。

第2の人生にうどん店

元々、大手電機メーカーに勤めていた山本さん。「60歳で定年って変ですよね。まだまだ働けるし」と思い、52歳で退職、第2の人生を歩み始めた。「本州と四国を結ぶ宇高連絡船の中で食べたうどんが忘れられなくてねぇ」と、四国の愛媛生まれだけあって、慣れ親しんだうどんを選んだ。『笑門』のうどんは細めでしなやかな仕上がり。「でも、まだまだ難しいです」と照れ笑い。なんでも、同じ銘柄なのに小麦粉の袋が違うと、水分量も微妙に変えないとだめだそう。そのため毎日50％分の塩水を用意してから、微調整をする。小麦粉はあくまで国産にこだわり、今は北海道と九州のブレンド。300gちょっとあるので、食べ応えも十分。イチオシは「エビ天ぶっかけ」。大きな器に、大きなエビ。出てきて、まず、目でびっくり。そして食べては、ぷりっぷりの食感にびっくり。思わず笑みがこぼれるうどん。店名どおり、まさに「笑う門には福来る」そんなワクワクの美味しさが広がる。

大変だけれど楽しい毎日

仕込みのために毎朝8時には来て、片付け終わるのが22時半すぎ。「肉体的には大変ですけど、定年も無いし、人間関係のストレスも無いしね」と山本さん。官庁街に近い立地も手伝い、根強いファンも多い。

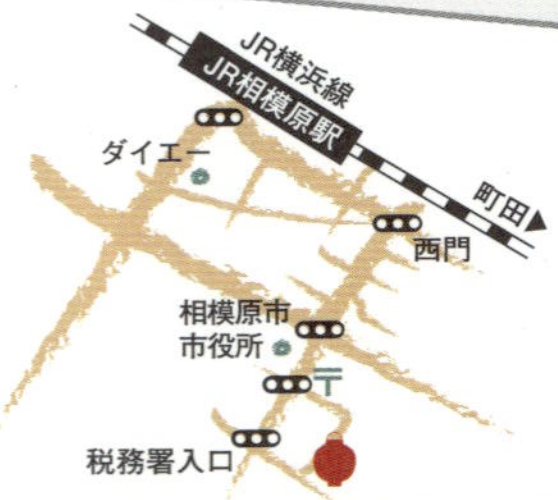

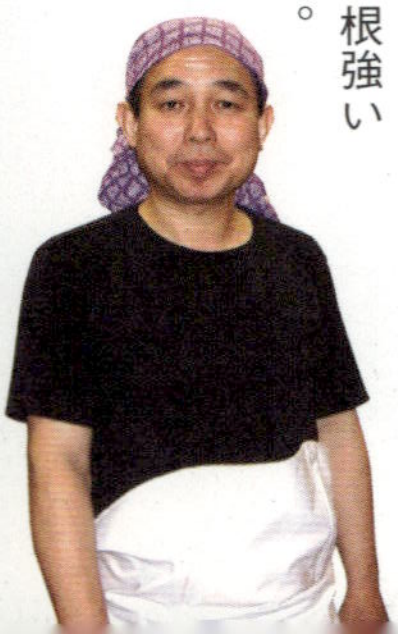

山本 康憲さん

Data

麺工房 笑 門（わらかど）
神奈川県相模原市富士見
6-13-19
☎ 0042-754-0138
営業時間／11:30～14:30
17:30～20:30
㊗11:30～14:30
定休日／日

エビ天ぶっかけ 950円

讃岐うどん

讃岐うどん

東京／堀切菖蒲園

JAZZが流れる和の空間

糀 や

ぶっかけ（おろし大根かき揚げ玉子天つき）　690円

2006年2月オープン。京成線堀切菖蒲園駅より徒歩1分。黒を基調とした和の雰囲気にJAZZが流れる。もともとはシックな和風居酒屋だったが、3月にうどんも提供するように。麺は香川の地小麦をブレンドし、長崎の天日塩を用いている。やや細めでやや硬め、ツルツルシコシコの仕上がりだ。だしは讃岐うどんの進化系。日高昆布や日本海のカタクチイワシ、四国産の削り節などを使用したあっさりテイスト。素材の良さ、それが『糀や』の一番のこだわり。「手作り寄せ豆腐」や「大山地鶏の胡麻風味唐揚げ」など一品料理もレベルが高い。さらに数十種の地焼酎や、日本酒などもラインナップ。おまけにカクテルも十数種。一興なのが「白湯うどん」。鶏がらのパイタンスープのオリジナルうどんだ。

Data

糀 や（こうじや）

東京都葛飾区堀切 4-57-15

☎ 03-5680-3317

営業時間／ 11:30 ～ 14:30（14:00 L.O.）
17:00 ～ 24:00（23:00 L.O.）

定休日／無休

讃岐
うどん

讃岐うどん

東京／飯田橋

東京の讃岐うどんを目指す

悠讃

まいたけ天ぶっかけ 850円

「東京の讃岐うどんをめざします」と倉持店主。22年勤めた建設会社を辞め、うどん店を構えた。何度も研究を重ねた結果、粉は香川の木下製粉から取り寄せる。冷たいうどんはがっしりタイプ、温かいうどんはしなやかでするするっ。両者とも良さがとても出ている。「ぶっかけ」はカツオといりこの香るだしで、あっさりめに仕上げてある。また、大きなまいたけ天が載る。この、香り豊かなまいたけは築地から直接仕入れている。また、ランチタイムは全品に日替わりのご飯がつくのも嬉しい。一方、夜は飲める雰囲気。「大山鶏の唐揚げ」など一品モノも充実している。そして「海童」「北薩摩」など焼酎も各種取り揃えている。その他、量り売りのオリジナルブランドの「芋焼酎」も人気だ。

Data

悠讃（ゆうざん）

東京都千代田区飯田橋 4-4-12

☎ 03-3262-2424

営業時間／11:30 ～ 14:00
17:30 ～ 22:00（21:30 L.O.）
㊏ 11:30 ～ 14:30

定休日／日・祝・第４土

夫婦でニコニコ二人三脚

本格手打ちうどん あらた

生醤油天（旬野菜と鶏肉の天ぷら付）700円

純手打ちの讃岐うどん。天ぷらは注文を受けてから揚げる。店主の岡部誠さんは金融関係からの脱サラだ。香川の『もり家』などで修業を積み、独立した。夏は朝から、冬は前日から仕込むうどんは、むにゅーっと縦方向に弾力のある太いストレート麺。それに香川の醤油とすだちをさっとかけていただくのが「生醤油うどん」。また、茹でた麺をそのまま、すっきりで少し甘みのあるつけ汁でいただくのが「釜揚」。お店はご夫婦で切り盛りしている。今では麺担当がダンナさん。だしと天ぷら類担当が奥さん。二人三脚がいい感じ。店内はカウンターと板の間。昔ながらのうどん店だ。そんな雰囲気の中で、白木で作られた麺打ち場を眺めながらうどんをすすっていると、香川にいるような気持ちになる。

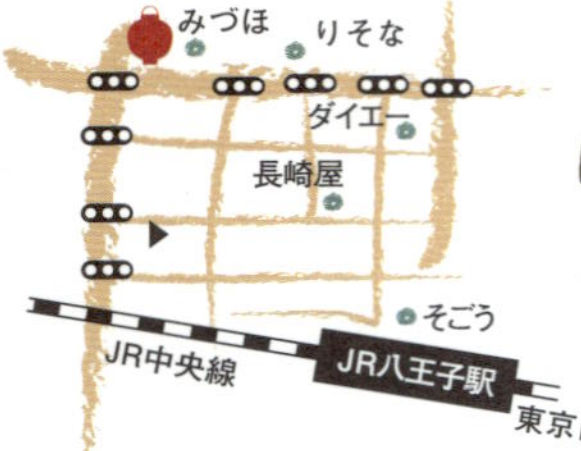

Data

本格手打ちうどん あらた

東京都八王子市八日町 10-1
☎ 042-628-2330
営業時間／ 11:00 ～ 15:00
17:00 ～ 20:00（入店）
（麺なくなり次第閉店）
定休日／日（臨時休業あり）

生 桜海老のかき揚げも絶品

讃岐うどん 喜三郎

讃岐うどん

讃岐うどん

東京／分倍河原

桜海老かき揚げぶっかけ 750円

黒を基調とした和風モダンな店内にはJAZZが流れている。ご主人は鈴木喜三郎さん。印刷関係のお仕事からの脱サラ組。「地元の方に愛されるお店を目指したい」というように、お店は奥さんとパートさんでアットホームな雰囲気がただよう。うどんは讃岐の系統だ。北海道産の小麦粉を使用した、やや細めのエッジの効いたうどん。かえしには赤と白のワインも用い、爽やかでいて奥行きのある仕上がり。そんな『喜三郎』の一番人気は「桜海老かき揚げぶっかけ」。温かいのと冷たいのが選べるぶっかけうどんに、駿河湾直送の生桜海老のかき揚げが載っている。ぷるるんとした桜海老の良さが活きるかき揚げだ。その他、うどんやかき揚げなどの通販もおこなっている。

Data

讃岐うどん 喜三郎

東京都府中市美好町 3-3-3

☎ 042-336-7801

営業時間／ 11:30 ～ 14:00

17:30 ～ 21:00

定休日／火・第３月

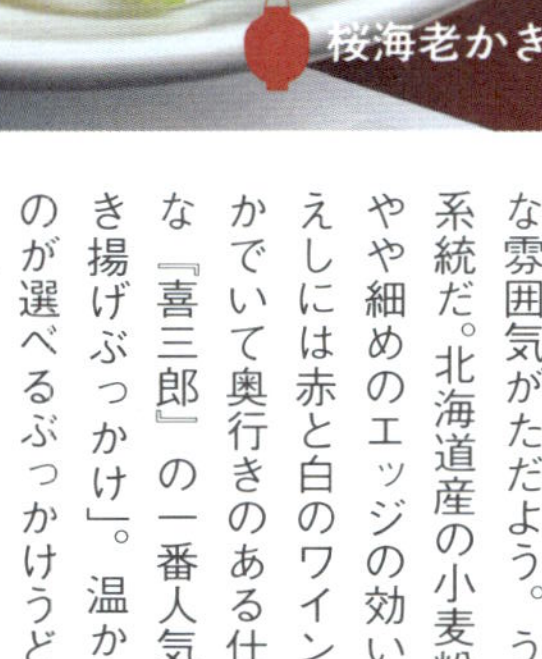

創作
うどん
オリジナルうどん
神奈川／鴨居

讃岐系だが創作うどんも多い

さぬき屋

店名が『さぬき屋』。店構えも店内も「うどん屋」さんの王道的雰囲気。しかも、ご主人の三嶋十方生さんも奥さんも香川県出身で、「正統派うどん店」といったオーラがただよっている。三嶋さんはもともと外国航路の航海士。「四国から出て、最初に着いたのが横浜だったんだよね」と当時を振り返る。そんな事もあって、横浜の地で店を構えた。

オリジナリティ溢れるメニュー

うどんは香川の国分寺町にある、親戚の「三嶋」の流れを汲む。だが、現在のメニューはバラエティに富んでいる。例えば「皿うどん(中華味)」。茹でたうどんに、ゴマ油の香りただよう、とろみのある餡がかかる。具にはエビ、イカ、野菜など。まさしく中華の「皿うどん」と、日本の「うどん」の融合的な料理だ。これに酢をかけていただくのが『さぬき屋』風。温かくて、量も多くてお腹いっぱい。野菜も取れて健康的。しかも酢の酸っぱさが良いアクセントになる。他にも和風味の「あんかけ」など創作メニューが並ぶ。

常連のために中休みも無い

お店は昭和48年の創業。以来、約30年。今ではけっこう高齢の常連さんも多いそうだが、バスを乗り継いできてくれたりも。なので「せっかく来て下さっても、閉まっていたら申し訳ない」と、中休みも無く、頑張っている。ちなみにノレンや箸に書かれている文字は、香川の有名画伯、和田邦坊氏によるもの。そして店内に飾られた香川の郷土人形「奉公さん」は、伝統工芸士の宮内フサさんが92歳の時の作品。そんな守り神もいるうどん店だ。

Data
さぬき屋
神奈川県横浜市緑区鴨居
4-2-31
鴨居駅前ビル 1F
☎ 045-934-1813
営業時間／ 11:00 ～ 22:00
(21:30 L.O.)
定休日／木

三嶋 十方生さんたち

皿うどん（中華味） 890円

創作うどん
オリジナルうどん
東京／御茶ノ水

アパレル出身の感性あふれる
竹　や

黒テーブルが並ぶ和風モダンな内装。生花が生けられ、壁にはフィル・グリーンウッドの絵画も飾られている。実はご主人の大竹勝也さんはモリハナエほかで働いてたというアパレル関係出身。25歳の頃に、渋谷の宮崎うどん『澤乃井』に転職。5年の修業の後に、店を構えた。そのため、通常のうどん店よりも洒落た印象。カードが使えるのも、うどん店にしては珍しい。

洗練された味わいのうどん

『竹や』のうどんは、洗練されている。細切りのうどんは手作りで、つるつるとした食感。ツユは、利尻や日高の昆布に削り節や干しシイタケで取っただしに、宮崎県都城から取り寄せる醤油を合わせている。ほんのり甘めの優しいツユだ。イチオシは「鴨南蛮うどん」。宮城県産の鴨と長ネギをだしに入れて、ぐつぐつと煮込む。そのため表面にまったりとした鴨の油が浮き、まろやかなテイストをかもし出す。上には、しっとりとした鴨肉と、歯ごたえのある刻んだ日高昆布が。この「鴨南蛮うどん」、通常は940円だが、ランチタイムには900円になる。その他、冷たいバージョンの「鴨汁冷やしうどん」、野菜たっぷりの「味噌けんちんうどん」なども評判のアイテムだ。

仕込み用の「工場」も

もともとは浅草橋で営業していた。だが手狭になったので、移転した。実は、『竹や』はここの他に「工場」と銘打った、麺の製造とスープの仕込み用の場所も借りている。「2ヶ所なので家賃が大変」と大竹さんは笑うが、その真剣さが味にも表れている。

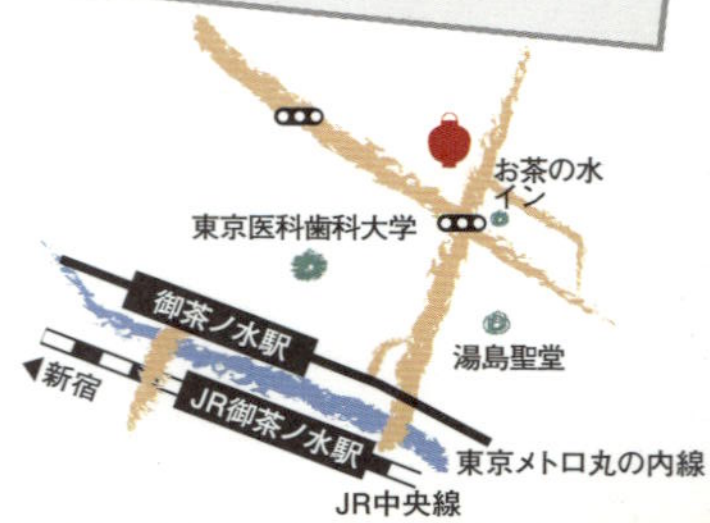

大竹 勝也さん

Data

竹や

東京都文京区湯島 1-9-15
☎ 03-5684-0159
営業時間／11:00 ～ 15:00
17:00 ～ 22:30
㊏ ～ 21:00
定休日／日・祝

鴨南蛮うどん　昼900円　夜940円

和と洋の融合が新しい
原屋

創作うどん
オリジナルうどん
東京／浜田山

ドライカレーうどん　1000円

階段を下りて地下1階。カウンターとテーブル席。日本料理店さながらの作りで、隠れ家のような雰囲気がただよう。うどんは手打ちで、中細タイプ。もちもちとした上品な仕上がりで、「生正油うどん」「ぶっかけうどん」「釜あげうどん」などどれも美味い。だが、イチオシなのが、オリジナルの「ドライカレーうどん」。あったかうどんの上に、スパイシーで深みのあるドライカレーがとろりとかかる。隠し味にバターが入り、なんともマイルドな仕上がり。和であるうどんに洋であるドライカレー。その組み合わせが新しい。『原屋』では「浦霞」などの日本酒等も各種揃う。と、ともに「合鴨塩焼」「刺身」などの一品料理も。料理とお酒とうどん、どれもが丁寧な仕事ぶりを感じるものばかりだ。

Data

原屋

東京都杉並区浜田山 3-30-5
☎ 03-3304-5559
営業時間／ 17:30 ～翌1:00（24:00 L.O.）
定休日／日

創作うどん
オリジナルうどん
東京／小川町

細切なのにコシがある
豊前うどん 武膳

武膳セット　980円

福岡は小倉にある『津田屋官兵衛』。そこを祖とするのが「豊前裏打会」。『武膳』もそのうちの一軒だ。豊前うどんという系統で、細切りの麺なのにコシがしっかりあるのが特徴。麺はもちろん自家製。数種類の小麦粉をブレンドして、どこにもないオリジナル麺を作る。そしてそのゆで加減は直接に熱々の麺に触れて確かめている。だしは昆布と削り節がベース。珍しいのは沸騰した釜に鉄の棒を入れること。こうすることで、だしのえぐみを取るのだそう。その良さがわかるのが「武膳うどん」。10時間程度コトコト煮込んだ牛肉や油揚げ、ワカメが載るスタイル。セットメニューは「炊き込みご飯」か「杏仁豆腐」のどちらかを選ぶ。またお店は小川町のほかにお台場ヴィーナスフォートにもオープンした。

Data

豊前うどん 武膳

東京都千代田区神田小川町 3-11-2
インペリアル御茶ノ水 B102
☎ 03-5283-6226
営業時間／11:00 ~ 15:00
18:00 ~ 23:00
㊏ 11:00 ~ 15:00
定休日／日・祝

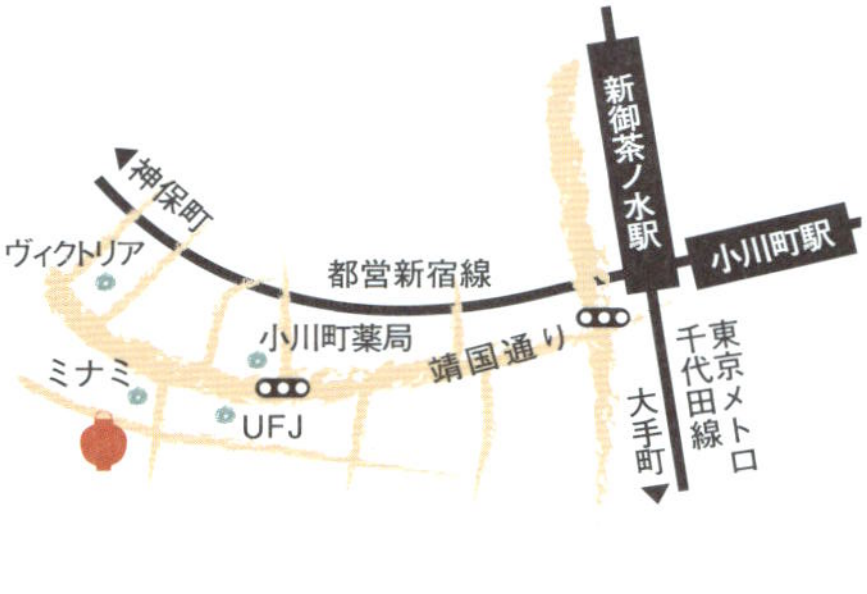

スタイルも味も新しい

東京うどん 天神

創作うどん
オリジナルうどん
東京／湯島

北国もろこし 840円

ガラス貼りの店内は、まるでカフェのよう。あざやかな朱色が美しい都会的な内装は、アパレル関係BIGIグループの設計だ。店主は三好悠介さん。有名そば店の4代目だ。「父が健在なうちに、自分でうどん店に挑戦したかった」と三好さん。実家でも手伝っていたが、名古屋の『釜春』でも修業を積んだ。『天神』は東京うどんと名が付くように、オリジナルのうどんを提供している。例えば、関東と関西の融合的なだしの「東京うどん」、梅だしのつゆの「桜うどん」など。中でも珍しいのは「北国もろこし」。とき卵とトウモロコシ入りのあんかけうどんの中にチーズをミックス。甘みとコクが絶妙に調和する。そこに中太のしなやかなる麺が合わさる。その他、丼セットやドリンクセットなどもお得だ。

Data

東京うどん 天神

東京都文京区湯島 3-34-6
☎ 03-5846-4040
営業時間／ 11:30 〜翌 3:00 (2:00 L.O.)
㊏ 11:30 〜 21:00 (20:30 L.O.)
定休日／日・祝

うどんブームの仕掛人が贈る

東京麺通団

創作うどん
オリジナルうどん
東京／新宿

ひやたま（小）　340円

讃岐うどんブームの仕掛け人、田尾和俊氏プロデュースのうどん店。セルフ方式で、注文をしてうどんを受け取り、自分で席まで持っていくシステム。新宿という場所がらか、香川とは違い、シックな落ち着ける空間のセルフ店だ。メニューは「あつかけ」「ひやかけ」「釜あげ」など、通常の讃岐うどんが並ぶが、オリジナルなのが「ひやたま」と呼ばれる冷卵うどん。むちっとコシのある冷たいうどんの上に、半熟タイプのスクランブルエッグが載っている。醤油をたらしてぐちゃぐちゃに混ぜ、しょっぱさと卵の旨みを楽しもう。さらに一品料理も充実。「ちくわ天」などの天ぷら類、「すじ」などのおでん類は言うに及ばず、「ヒイカの佃煮」など珍しいものも。「凱陣」をはじめ各地の日本酒も揃っている。

Data

東京麺通団

東京都新宿区西新宿 7-9-15
ダイカンプラザビジネス清田ビル 1F
☎ 03-5389-1077
営業時間／ 10:00 〜翌 2:00（1:30 L.O.）
定休日／無休

讃岐が進化した江古田うどん

てるてる坊主

創作うどん
オリジナルうどん
東京／江古田

鴨カレーつけうどん　850円

江古田駅より至近、てるてる坊主が目印のうどん店。店主の谷内一郎さんは、地元は千川の出身。もともとギフト包装関係の開発や販売をしていたが、年をとっても自分で出来る商売をと考え、料理の道に。中華を経て、たまたま知り合いだった讃岐うどん店を手伝った後、独立した。なので『てるてる坊主』のベースは讃岐うどん。「かけうどん」「しょうゆうどん」「ぶっかけうどん」などがラインナップ。だが、看板の「江古田うどん」の文字からも分かるとおり、オリジナルの創作メニューも多い。そのひとつが「鴨カレーつけうどん」。まったりとした鴨肉の旨みと、とろみのある奥深いカレーのルウ。そこに毎朝打つつるつるシコシコの太麺（冷たいのと温かいのがあり）がぴったり合うのだ。

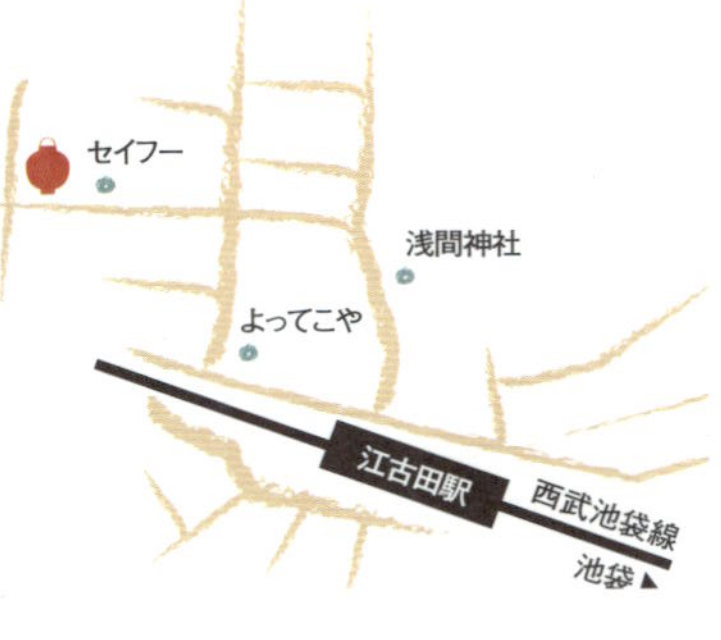

Data

てるてる坊主

東京都練馬区栄町 34-6
☎ 03-3992-0318
営業時間／ 11:30 ～ 15:00 (L.O)
17:30 ～（麺なくなり次第閉店）
㊏㊗ 11:30 ～（麺なくなり次第閉店）
定休日／日

うどん食材大研究

うどんのおいしさを支えているのはやっぱり食材だ。それぞれの特徴を理解して食べればうどんがもっとおいしくなるはず。ここでは代表的な食材を研究してみよう！

はんつ遠藤

麺の食材

小麦粉

うどんの重要な構成要素となる小麦粉は、たんぱく質の割合により、強力粉（含有率13％）、準強力粉（11％）、中力粉（９％）、薄力粉（７％）に分類される。会社別では『日清製粉』の「白椿」「麺許皆伝」など。また『日本製粉』の「麺韋駄天」「こがね菊」など。香川では『日讃製粉』の「緑あひる」、『木下製粉』の「白バラ印」など。原産国では90％以上が外麦でオーストラリアが主流。近年は、香川の『讃岐の夢２０００』のような内麦も注目されている。

塩

平成9年4月に塩専売法が廃止され、日本における塩の製造および販売が完全自由化され、『粟国の塩』（沖縄）など、各地で製造されるようになった。塩を加えることにより、グルテンへの効果が増加する。すなわち水だけでこねるよりも弾力性や粘着性が増す。塩の主成分は塩化ナトリウム。1日10g以内に留めるのが理想とされる。

水

含まれるミネラルの分量から2つに分けられる。硬度１００以上を硬水、１００以下を軟水という。たとえば香川は軟水、東京は硬水なので、同じ製法でも出来上がりに差が出る。そのため東京では軟水器を導入する店舗も見られる。また、アルカリイオン水生成機を導入しているところも。

だしの食材

魚

うどんのだしには様々な魚が使われている。

◎カツオ

主に本ガツオのことで、カツオ節や削り節のものを用いる。イノシン酸を含み、昆布のグルタミン酸とともに濃厚な旨みをかもし出す。ふんわりとした優しい香り。

◎宗太節

宗太カツオという、カツオの一種。本ガツオより小ぶりで安価。

◎煮干し

魚などを干したものの総称。多くは片口イワシを食塩水で茹でたあとに干して乾燥させたもの。丸ごと使用すると苦味も出るため、頭とはらわたを除いてからだしを取る店も。

◎サバ

マサバとゴマサバの2種類がある。マサバは背に黒い縞模様があり、ややすっきりとした体型。ゴマサバは腹に黒い斑点があり、丸みを帯びている。うどんのだしには通常は、サバ節と呼ばれる干したタイプが使用される。

◎アゴ

トビウオのこと。九州のうどんのだしを取るのに使用されることが多い。脂質が少なく、たんぱく質が多いため、他の魚だしよりも上品な風味が特徴だ。うどんのだしには通常は、アゴ節と呼ばれる干したタイプが使用される。

昆布

古くは平安時代の文献にも登場。他の国ではほとんど見かけず、日本料理にて重要な役割を担う。三陸海岸から北の水深約10mに生息し、約30種類ある。根元に近いほど旨みが出て上質。肉厚で黒色が濃く、乾燥度の高いものほど高価。

シイタケ

九州などの地域でだしを取るのに使用。シイタケは17世紀より人工栽培され、おがくずを利用した菌床栽培よりも、木を利用する原木栽培のほうが風味が良い。日本産のほか、中国産も増加している。きのことしては世界に約5000種類、食用は約300種類といわれる。同じきのこ種のキクラゲなどが具に載ることも。

香味野菜

長ネギ、玉ネギ、ニンジン、生姜、ニンニクなど。だしを取る際の臭み消しに使用する。またリンゴを使用することもあり、甘みのあるだしを形成する。

醤油

醤油は「濃口醤油」「淡口醤油」「たまり醤油」「白醤油」「再仕込み醤油」の5種類に分類される。

「濃口醤油」

醤油の中で最も多く流通している種類。全体の約80%。

「淡口醤油」

主に関西で製造される。薄口醤油とも書く。淡口醤油のほうが濃口よりも塩分濃度が高い。流通量は全体の約15%。

「たまり醤油」

主に中部地方で製造される。とろみがあり、濃厚な旨みと独特の香りが特徴。

「白醤油」

愛知県碧南地方の特産品として知られる。ほのかに甘めの仕上がり。

「再仕込み醤油」

主に四国、九州地方で製造される。通常の醤油は塩水を加えるが、再仕込み醤油は醤油を加えて熟成させるのが特徴。色も味も香りも他のものよりも濃厚。

味噌

味噌煮込みうどんなどに使用。味噌は平安時代に中国から伝来した。大豆に麹と塩を加えて発酵、熟成させたもの。米麹を用いると米味噌、麦麹だと麦味噌、豆麹だと豆味噌となる。

みりん

日本独特の調味料。江戸時代には食用酒として利用されていた。明治時代に日本料理店で隠し味に使用し、調味料に。みりんは「本みりん」と「みりん風調味料」がある。

「本みりん」

蒸したもち米やうるち米と米麹にアルコールを仕込み、熟成させたもの。アルコール分約14%。

「みりん風調味料」

糖類に旨味調味料や香料を混合したもの。本みりんの風味に似ている。アルコール分は1%未満。

砂糖
奈良時代に鑑真と共に中国から伝来したといわれる。主原料はさとうきびなど。白砂糖、黒砂糖、グラニュー糖、三温糖、角砂糖、氷砂糖など種類も豊富。白砂糖は精製度が高く、黒砂糖は低い。

❖具の食材

魚介系
天ぷらとして器の上に盛られるタイプと、別皿とがある。代表格はエビ。クルマエビ、芝エビ、ブラックタイガー、サクラエビなど。その他、穴子、キスなど様々。

動物系
武蔵野うどんでは豚バラ肉。その他、通常のうどんでは、鶏肉や鴨肉などが用いられる。

油揚げ
大阪のきつねうどんでは、甘辛く煮付けられた、ふっくらとした大きな油揚げが載る。京都ではだしで煮た程度のあっさりとして、刻んだ油揚げが載る。名古屋では厚揚げバージョンのふんわり油揚げが入ることも。

練り製品
◎カマボコ
室町時代から存在する料理。形が「蒲（がま）」の穂に似ていることから命名された。現在はスケソウダラが最も多く使用されている。地方によってはハモ、タイなどの高級魚を使用することも。

◎ちくわ
「竹輪」と書くがごとく、元来は竹の周りにつけて輪にして焼いたものだったという説と、断面が竹の輪に似ているためという説がある。食材はカマボコと同様、スケソウダラが最も多い。

◎丸天
博多うどんなどの具として登場するもの。揚げカマボコ。

薬味
「ネギ」「生姜」などが定番。

◎ネギ
長ネギ、青ネギ、玉ネギなどがある。

長ネギは刻みネギ、白髪ネギ、みじん切りなどで具の一部に。北海道から東日本で特に多い。ネギの白い部分のみを使用することが多い。

青ネギは京都の九条ネギ、博多の万能ネギ、九州のひともじなど。

玉ネギは刻んだタイプがカレーうどんの具などに入る。

◎生姜
東南アジア原産の植物の根。日本には古くから伝来している。辛味や香りに優れた効力を発揮する。

野菜系
天ぷらとしてニンジン、ゴボウ、ピーマン、アスパラ、茄子などが用いられる。

最強のうどん王国！

わくわく讃岐ツアー

香川は約８００軒ものうどん店が。
レベルはもちろん最高クラス！
その中から「初心者向け」「新しモノ好き」「マニア向け」に
3パターンを用意したよ。
自分好みの一軒を見つけて、
食べまくりツアー、いざスタート！

はんつ遠藤

初心者向けの超有名店ツアー！

「香川でうどんを食べるの初めて！」
そんな方には超有名店がオススメ。いわゆるS級（スペシャル級）と呼ばれるスゴイお店を、次から次へと食べ歩こう。細い路地の先に突然現れたりと、ワクワク感もいっぱいだ！

1 さか枝

自分で麺をゆがき、汁をかける、セルフ方式。県庁も近く、ビジネス街にあって朝6時から営業している。透き通った、すっきり琥珀色のだしに、つるんとした優しいうどん。麺の量も多めで、連日朝から大盛況だ。

香川県高松市番町 5-2-23
☎ 087-834-6291
6:00 ～ 15:00
売り切れ次第閉店
日曜祝日休み
かけ（小） 150 円

6 宮 武

大行列店。「かけ」は冷たい麺に冷たいだしの「ひやひや」、冷たい麺に温かいだしの「ひやあつ」などの種類が。がっしりとしたうどんに、いりこだし香るつゆ。名店揃いの「宮武ファミリー」の総本山だ。

香川県仲多度郡琴平町上櫛梨 1050-3
☎ 0877-75-0576
9:00 ～ 15:00
水曜休み（変更の可能性あり）
かけ（小） 230 円

7 鶴 丸

GOAL

カレーうどんの名店。夜から朝までの営業だ。店内はカレー香辛料の香りが広がる。スパイスの効いた、熱々でとろみのあるスープ。やや辛めの仕上がりだ。辛さは調節も可能。もちもちの太麺との相性も抜群！

香川県高松市古馬場町 9-34
☎ 087-821-3780
20:00 ～翌 5:00
日曜祝日休み
カレーうどん 650 円

2 がもう

クルマが一台通るのがやっとの小道の先。むっちりとしたうどんを食べつつ、目の前に広がる田園地帯を眺めると、ゆったりとした雰囲気に浸れるぞ。大きな油揚げはほんのり甘め。ちくわ天も大きくて大評判。

香川県坂出市加茂町 420-3
☎ 0877-48-0409
6:00 ～ 15:00
8:30 ～ 13:00 頃
日曜、第３月曜休み
きつねうどん（小）180 円

3 なかむら

以前は狭い通りから入るしかなかったが、土手側からの道が完成。いりこの効いた魚だしにむにゅっとした独特の麺。うどんは「熱いん」「冷たいん」から選べる。軒先の椅子に座って食べると開放感たっぷり。

香川県丸亀市飯山町西坂元 1373-3
☎ 0877-98-4818
9:00 ～ 14:00
売り切れ次第閉店
かけうどん（小）150 円

4 山　越

「かまたま」といわれる、釜あげのうどんに生卵が入ったものが元祖であり、名物。駐車場も数ヶ所あり、警備員まで。数時間の行列ができることも。「かまたま」はよくかき混ぜて味わおう。「山かけ」もトッピング可能。

香川県綾歌郡綾川町羽床上 602-2
☎ 087-878-0420
9:00 ～ 13:30
日曜休み
かまたま 150 円

5 谷川米穀店

目印は「落合橋」。そのたもとで製麺所の傍ら、昼時２時間のみうどんがいただける。つるっとしたうどんに、卓上のネギと唐辛子の佃煮を載せ、醤油をかけるのが定番。佃煮は辛いのでちょこっとだけで十分だ。

香川県仲多度郡まんのう町川東 1490
☎ 0877-84-2409
11:00 ～ 13:00
月曜休み
ぬくい（小）105 円

新しモノ好き新店ツアー！

「有名どころは行っちゃった」「何でも新しいのが好き！」

そんな方にはニューオープン店がオススメ。最近はメニューに凝ってたり、食材にこだわる店も増えてきたぞ。さまざまな方向の新店を回ってみんなに差をつけよう！

1 宮川（みやがわ）

2005年7月オープン。オープンテラスもある洒落たうどん店。メニューも豊富で「土佐あつもり」「うなぎぶっかけ」なども。「キーマカレーうどん」はむにゅーっとした麺に甘めのキーマカレーがかかっている。

香川県高松市牟礼町牟礼228-1
☎ 087-845-3675
10:00 ～ 16:00
火曜休み
キーマカレーうどん 450円

6 てっちゃん飯山店

2006年5月オープン。坂出で評判の『てっちゃん』の2号店だ。本店で人気の「肉味噌温玉うどん」ももちろんメニューに。むにゅっとしたうどんに、じわじわと肉味噌の旨みが絡まる。温泉玉子も美味なる一品。

香川県丸亀市飯山町西坂元12-5
☎ 0877-98-0282
10:00 ～ 18:00
（変更の可能性あり）
水曜休み

7 ぼっこ屋

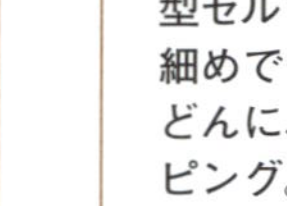

2006年5月オープン。大駐車場完備の大型セルフ店だ。オススメは「肉ぶっかけ」。細めでややよりのかかった仕上がりのうどんに、甘めで柔らかい豚バラ肉がトッピング。すっきりとしただしも麺に合っている。

香川県高松市三谷町1700-1
☎ 087-889-4778
9:00 ～ 18:00
無休
肉ぶっかけ 380円

2 麺むすび

2005年9月オープン。夜は居酒屋だが昼のみうどん店に。イチオシは「釜あげ天ぷらうどん」。熱々のぬるっとした小麦粉の良さが活きる麺に、濃いめのつけ汁。サックサクの天ぷらに料理の幅を感じる。

香川県高松市多肥下町 949
☎ 087-865-1219
10:30 ～ 14:30
月曜休み
釜あげ天ぷらうどん 680 円

3 うぶしな

2005年10月オープン。宇夫階（うぶしな）神社の境内にある。ご主人は宮司の息子さんで、おか泉で修業を積んで独立。細めでよりのかかったうどんに甘く煮られた肉ごぼうがまったりと絡みつく。

香川県綾歌郡宇多津町 1597-1
☎ 0877-49-3837
11:00 ～ 15:00
水曜ほか休み
肉ごぼうぶっかけ 450 円

4 いちばん

2005年12月オープン。縦方向に弾力のある麺に、添加物を使わずカツオ、昆布など4種類の食材で取っただしがかかる。バシっと和が活きた味わい。天ぷらもオーダーを受けてから調理を始めるこだわりぶりだ。

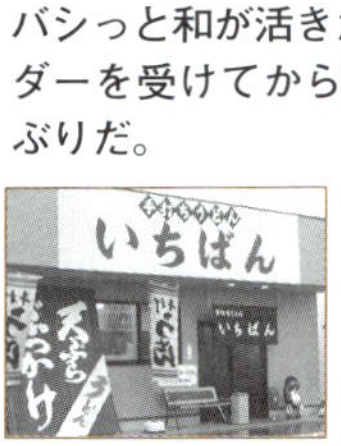

香川県三豊市高瀬町下勝間 1621-1
☎ 080-5667-6945
11:00 ～ 18:00
火曜休み
天ぶっかけ（冷） 600 円

5 咲き乃屋

2006年2月オープン。大通り沿いで広い駐車場もある。麺は細く、つるるんとしたタイプ。軒先の打ち場で作っている。「ぶっかけ」は冷たいのと温かいのがあり。その他「肉うどん」「わかめうどん」も人気商品。

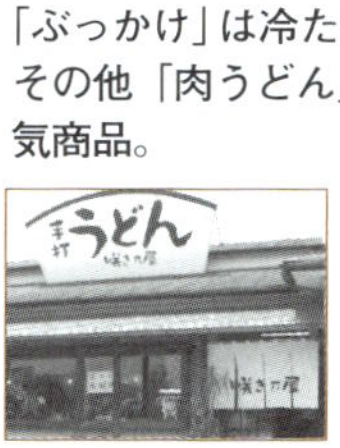

香川県高松市岡本町 1678-1
☎ 087-885-7767
10:30-17:00 ごろ
（日 10:00 ～ 17:00 ごろ）
木曜休み
ぶっかけうどん 300 円

ディープなうどん マニア向けツアー！

「讃岐のうどん店はほぼ制覇した」「更なる面白いうどん店に行きたい」

そんな方には、ディープなマニア向け店をご紹介。映画「UDON」関連の4店舗＆変わったうどん店。これで超うどんマニアへの道は完璧だ！

1 道久製麺所

映画でもmy器を持参して買いに来るシーンのある製麺所。9時半から1時間のみ、出来立てを玉売りしてもらえる。がっしりとした食べ応えのある太い麺は、なんと1玉65円！醤油や箸も忘れずに持参しよう。

香川県三豊市詫間町松崎579-14
☎ 0875-83-2335
9:30～10:30
第1、3日曜休み
1玉65円

6 根っ子

ビニールハウスの中に席が並ぶうどん店。新緑の中で食べるうどんは、いつもより瑞々しく感じるから不思議だ。オーダーして自分で運ぶセルフ方式。ぷるるんとした口あたりの麺に、あっさりいりこだしの汁がかかる。

香川県仲多度郡多度津町青木565-2
☎ 0877-32-3874
10:30-14:00
水曜休み
かけ（小）220円

7 田村神社日曜市

田村神社の境内で、日曜日のみ営業のうどん店。入口で食券を買い、うどんと引き換えるセルフ方式。麺は近くにある製麺所数社から仕入れている。広い店内が常に満席になるほどの大評判。かけうどんしか無い。

香川県高松市一宮町286田村神社内
☎電話不掲載
6:00ごろ～13:00ごろ
（麺なくなり次第閉店）
月曜～土曜休み
かけうどん100円

2 松井うどん

本広監督の弟さんの店。映画では松井製麺所としてセットにてうどんを提供。オススメはカレーうどん。やや細めのつるるんとした麺に、とろりとしたルータイプのカレーがかかる。ターメリックライス（100円）も美味！

香川県三豊市三野町吉津甲533-1
☎ 090-5715-5072
10:45 ごろ～ 14:00 ごろ
月曜休み
カレーうどん（小） 450 円

3 SIRAKAWA

映画にもちょこっと登場するのがこのお店。イチオシは「たこちくぶっかけ」。しなやかで弾力のある麺にぶっかけだしをかけて味わおう。揚げたての「たこちくわ」のもっちりとした口あたりにもヤミツキ！

香川県三豊市山本町大野2854-8
☎ 0875-63-4602
11:00 ～ 14:30 ごろ
（麺なくなり次第閉店）
月曜休み
たくちくぶっかけ 430 円

4 はまんど

初代うどん王の盛さんの店。映画ではだしのとり方を出演者に教えた。実際はラーメン店で、うどん打ちを応用した自家製麺で提供。うどんのような麺に、だしと背脂の効いた「はまんど」がオススメ。新作も続々登場中。

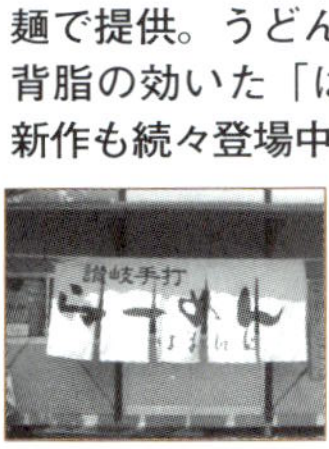

香川県三豊市三野町大見3873-1
☎電話不掲載
11:00 ～ 15:00
水曜、木曜休み
はまんど 500 円

5 池　内

家の脇を入ると川沿いに席が。オススメは「アベック」。小麦粉の量が多目の、太くてつるるんとしたそばとうどんが半々に入ったメニュー。卓上の醤油をかけて味わう。一味唐辛子もあるが結構辛いので気をつけて。

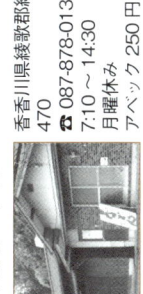

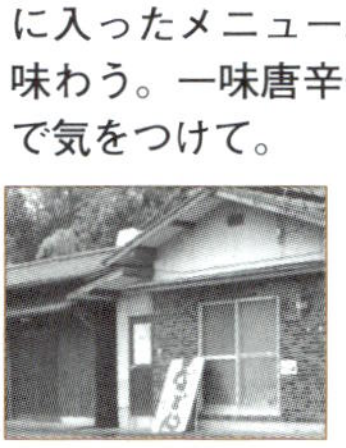

香香川県綾歌郡綾上町牛川470
☎ 087-878-0139
7:10 ～ 14:30
月曜休み
アベック 250 円

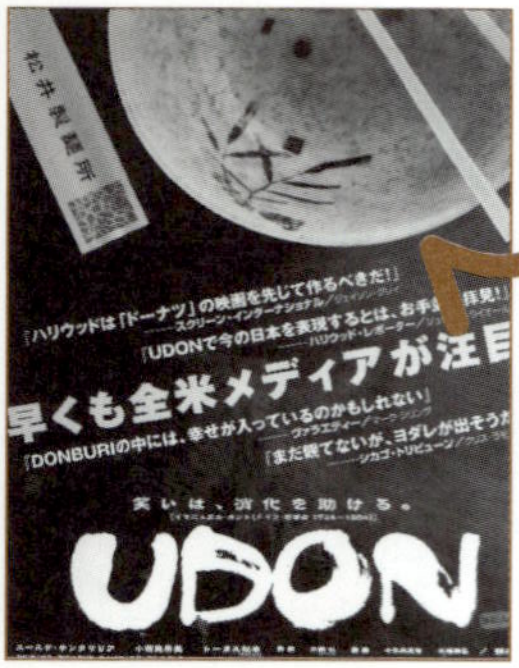

©2006 フジテレビジョン ROBOT 東宝

MOVIE 映画「UDON」を食べ歩く!

2006年8月26日、映画「UDON」が公開された。監督は本広克行、脚本は戸田山雅司、そして主演にユースケ・サンタマリア、小西真奈美。その他、トータス松本、鈴木京香なども出演。ストーリーとしては、うどん店の息子である香助（ユースケ・サンタマリア）が後を継ぐのを嫌がりNYに行ったものの、夢破れて故郷に帰り、タウン誌でうどんコラムの連載を始め、うどんブームが誕生するというもの。実際の店舗が数十軒も登場し、うどん好きにはたまらない作品に仕上がっている。そんな「UDON」に関わり、かつ、核となるお店を訪ねてみました!

まずは「松井うどん」。本広監督の弟さんのうどん店。2005年2月に開店したものの、映画の指導などのためにしばらく休業、6月に再オープンしたばかり。ここでは「カレーうどん」が名物。本広さん曰く「30年前のカレー」だそう。なんでも、親戚の人に教えてもらったとか。いやいや、全然古くないです。しかもカレールウを少し残して「ターメリックライス」を入れても、ばっちし。

その「松井うどん」の本広さんは、カンヌ映画祭でもフジテレビ主催のパーティで、うどん打ちのパフォーマンスを披露するなど大活躍だったそう。なんでも450食用意したうどんがすぐに完食。海外でも讃岐うどんの味が好評だったとか。いずれは世界の食「讃岐うどん」となる日も近いのでは!?

さて映画の中で「うどんブーム」で女性客がどどっと押し寄せて、そこにテレビ局やら雑誌の人が来て、もう何がなんだか分からずにアガりまくる役」で登場するのが、新進気鋭のうどん店として人気急上昇中の「SIRAKAWA」さ

んだ。こちらのお店では「たこちくぶっかけ」が絶品。しなやかな麺に惹かれて、開店前からお客さんがいることも多いです。

　それから「道久製麺所」。こちらは製麺所ですが、9時半から1時間のみ玉売りをしてもらえます。「製麺所やからな。出来立てしか上げられんわけや。茹でおきを出したら味が落ちるでなー」とご主人。「最近は関西や関東からもわざわざうどん好きの人が来てくれる」と喜ぶ。中には自作のだしを持ってくる人までいるそう。こちらは、器は無いので持参するように。僕も器と箸と醤油と長ネギを用意しました。ちなみに「器が無かったら、ビニール袋に入れてあげる」そう。でも何もかけずに手づかみで食べることになるよ。

　そして最後に映画のロケセット。作品内では「松井製麺所」

として登場するこの建物、古く見えるがわざわざキチンと建てた新築です！　場所は丸亀市にある宮池のほとり。讃岐富士が綺麗に見えますねぇ。現地に赴くと、ガードマンさんが警備をしていました。でも、なんともほのぼのとした空気が流れています。「ホントはもう壊してるはずなんよ。でも丸亀市のほうからもうちょっと待ってって話が行っとるらしいねぇ。他に観光資源がないからねぇ」と、近所のおばちゃん。…って、なんで、近所のおばちゃんがいろいろ説明してくれるんだろう。でも30分くらい話し込んじゃったぞ。それほど、のほほんとしたいい場所です。

　というわけで皆さんもぜひ映画を見て、香川に行きたくなったら、いろいろ回ってみましょう。ここには書けないけどいろんな裏情報が聞けるかも〜♪

量で勝負！
どーん

ボリューム満点VS飲める店
お酒で勝負!?

割烹の流れを汲むカレーうどん

青山しまだ 新宿店

青山の『しまだ』といえば、割烹とそば、うどんで知られる店。その支店がこちら『青山しまだ 新宿店』だ。2005年4月オープン。全席禁煙の和風モダンなカウンターのみの店内は1階席と地下席に別れる。

村松広武氏考案のカレースープ

本店と違い、新宿店は「カレースープうどん」と「カレーラーメン」が2枚看板。このカレースープを作ったのは、日本料理の総料理長である村松広武氏。肉、野菜、果物、香辛料など28種類もの食材をブレンドしたスープは、完成までに丸一日。翌日に宗田節、本節、サバ節などでとっただしと、牛乳を加えて、まろやかなコクと、豪快なスパイスの風味がありながら、和風だしただようクリーミーカレースープに仕上げている。麺は本店の島田美登店主の考案の、若干細めで柔らかくのびるようなコシのあるうどんだ。

カレーうどんにライスも合う

そこにエビの天ぷらが載ったのが「エビ天カレースープうどん」。このままでも旨いが、残ったスープにライス（100円）を入れるとさらに美味。ライスを入れるとカレースープの和だし部分がより鮮明に押し寄せて来る。もっとも、このライスは山形の「はえぬき」なので、もちろんそのままでもおいしい。ちなみにランチタイム（10時〜15時）はライス&サラダ付きで同料金。しかもライスのお代わり無料とあって、満腹必至の一品。その他、カレーラーメンも名物。さっぱりとした中にコクがある仕上がりのラーメン。

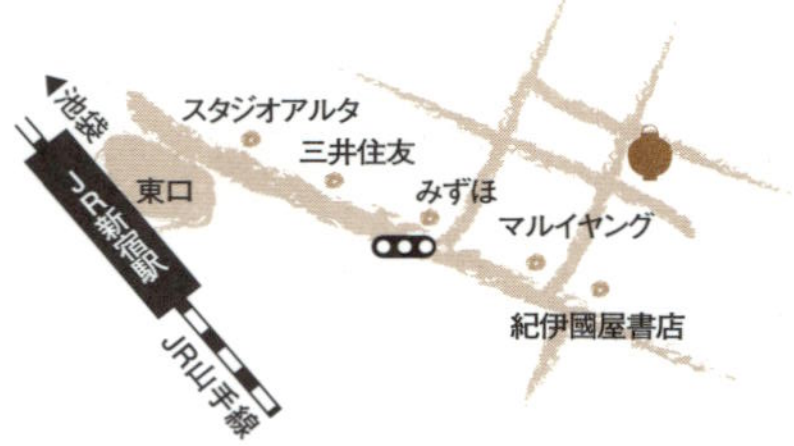

Data

青山しまだ 新宿店

東京都新宿区新宿 3-17-13
KB ビル 1F、B1F
☎ 03-3350-5099
営業時間／11:00 ～ 23:30
定休日／水（祝日の場合は営業、前後日いずれか休み）

エビ天カレースープうどん 950円

ボリューム満点
オリジナルうどん
東京／菊川

手作りうどんで満腹必至

夢茶房

和の空間にテンポの良い洋楽がかかる『夢茶房』。昼時ともなると会社員や近所の人でごったがえす人気店。

手作りのよさが活きるうどん

うどんは、ご主人の成田薫さんが毎日まじめに手作りしている。前日に水回しからこねるところまでを行って熟成させ、当日に切るスタイル。太くてやや硬めの歯ごたえのあるうどんは「皇帝塩」という塩をブレンドして作られている。だしはあっさり風味の関西仕様。化学調味料は一切使用せず、日本近海の天然だしのみ使用している。その味は、昆布や煮干しなどで取った、優しい中にコクのある仕上がり。両者がキチンとしているので、その組み合わせだけの「すうどん」（冷たいのと温かいのがあり）ですらおいしい。

ピリ辛テイストのスープがいい

また一興なのが「もつ煮込みうどん」。ピリ辛テイストのスープに、柔らかでジューシーなもつ煮が載ったうどんだ。その他、旨みの効いたつけ汁とやわらかな鶏肉が入った「とり汁うどん」も人気メニュー。また『夢茶房』は、ランチタイムもお得だ。「おかずセット」と称されたそれは、おかずに半うどん、日替わりご飯、小鉢、お漬物、アイスコーヒーがついた、満腹必至のメニュー。さらにディナータイムには、「鳥唐」「天ぷらもりあわせ」など一品料理も充実し、居酒屋さんとしても十分に利用できる。お酒もいろいろ取り揃えられ、特に「粋蕎」という十割そば焼酎が珍しい。日本酒も「高清水」「久保田」など名酒ぞろい。昼も夜も使い分けられる貴重なうどん店だ。

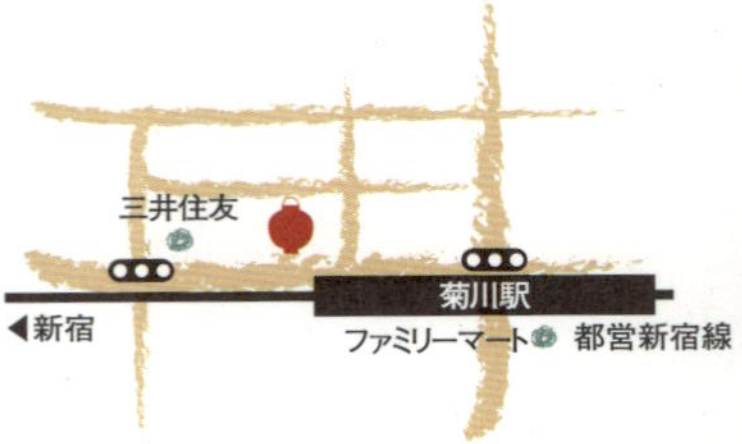

成田 薫さん

Data

夢茶房

東京都墨田区菊川 2-6-16
☎ 03-3846-8196
営業時間／11:00 ～ 22:00
(21:30 L.O.)
定休日／年末年始

もつ煮込みうどん 680円

関西風手打ちうどんで大盛況
ふじ井

ボリューム満点
関西うどん
東京／恵比寿

納豆定食 900円（ランチ 850円）

恵比寿の地で約30年。関西風手打ちうどんが人気のうどん店。テーブル卓が並ぶ純和風の店内は、昼時には満席も当たり前の盛況ぶりだ。『ふじ井』のうどんは、やや平たいもちもちタイプ。コシと歯ごたえが楽しめる。そこに利尻昆布や厳選したカツオ節で取った、はんなりとしただし。丁寧な仕込を感じるうどんだ。関西風なのでもちろん「きつねうどん」や「たぬきうどん」などうどん単品もうまい。だが、『ふじ井』の良さをより感じるなら一番人気の「納豆定食」がいいだろう。「たぬきうどん」に「納豆丼」がついたセット。ひきわり納豆と生卵などが載った丼で、これを目当てに通う常連客も多い。また夜は「トリ皮ポンズ」「チャンジャ」など一品料理も充実し、居酒屋としても利用可能だ。

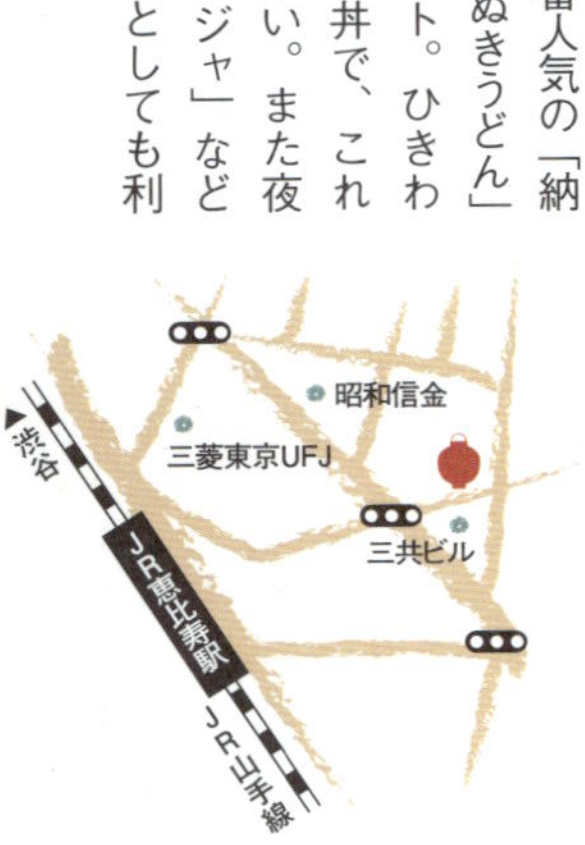

Data

ふじ井

東京都渋谷区恵比寿 1-13-6
☎ 03-3473-0088
営業時間／ 11:00 ～ 15:00
17:00 ～ 22:00（21:30 L.O.）
㊏㊗ 11:00 ～ 15:00
17:00 ～ 21:00（20:30 L.O.）
定休日／日

胡椒をかける珍しきスタイル

かみや

ボリューム満点

オリジナルうどん

東京／日暮里

レタスうどん　790円

ノスタルジーただよう谷中銀座商店街。その一画に『かみや』はある。店構えも店内も茶色の木のぬくもりが活きている。昔ながらの下町情緒ただよううどん店だ。こちらには珍しき一品がある。それが「レタスうどん」。細めでしなやかなうどんに、あっさりとした優しい関西風のだし。その上にレタス、キクラゲ、溶き玉子がのる。名称からは冷たいタイプを想像するが、ツユに入った温かいうどんだ。そのまま味わうと、爽やかな温かいレタスの口あたりにオンリーワンを感じる。さらに珍しいのは「胡椒をかけて食べる」方式。江戸時代には定番だったが、今は、うどんではほとんど見られない食べ方だ。でも胡椒の風味がはんなりとしただしをビシッと引き締めるのに思わず驚くのだ。

Data

かみや

東京都台東区谷中 3-11-11

☎ 03-3828-1415

営業時間／ 11:30 ～ 19:50

定休日／月（祝日の場合は営業、翌日休み）

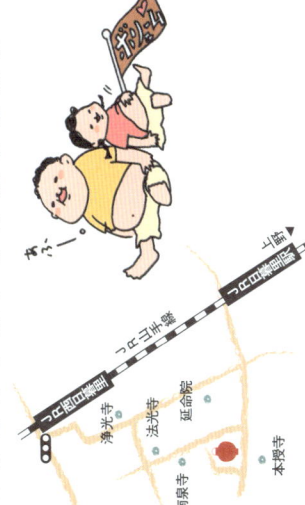

ボリューム満点
宮崎うどん
東京／渋谷

宮崎の名店で覚えた味

澤乃井

釜あげうどん ちょこっと丼セット 980円

昭和56年創業。首都圏でも珍しい宮崎うどんの系統だ。店主の高見澤政幸さんは、宮崎の名店『重乃井』で修業を積んだ後、東京は渋谷で独立した。店内は和の趣きで、昼はもちろん、午後3時頃でも活気がある。イチオシうどんはなんといってもご当地である「釜あげうどん」。やや細めのしなやかなうどんで、ゆでたてがいい感じだ。醤油や食材の多くを、宮崎から直送しているこだわりぶりだ。宮崎うどんは、つけ汁が甘めなのが特徴。だが、『澤乃井』のそれはそんなに甘くない。これは、習った当時の味わいだそう。つまり、数十年で本場のほうが甘くなっていったようだ。なお14時以降には「ちょこっと丼」というセットも登場する。エビ天丼のミニサイズがついた、お得な満腹メニューが味わえるのだ。

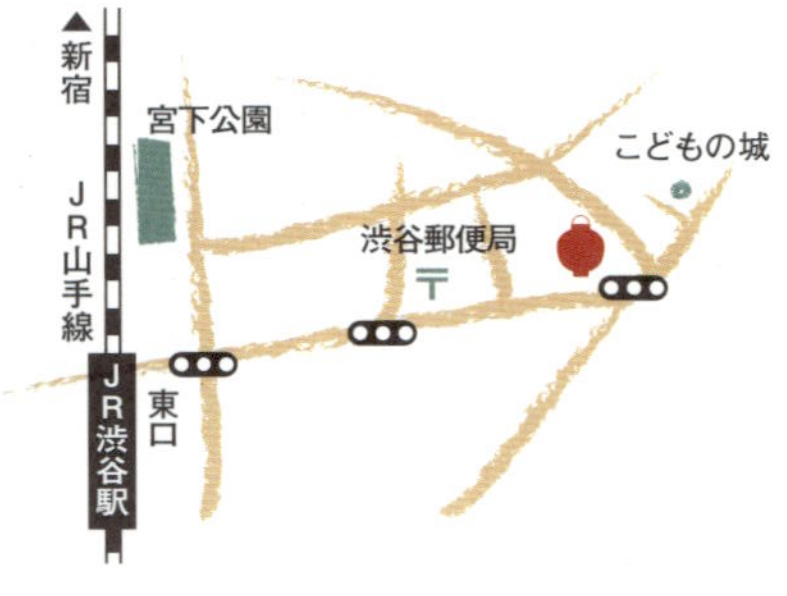

Data

澤乃井

東京都渋谷区渋谷 1-8-5 小山ビル 1F
☎ 03-3409-1058
営業時間／ 11:00-23:00
㊐ 11:00-20:00
定休日／無休

ボリューム満点

讃岐うどん

東京／石神井公園

居心地の良さも魅力

讃岐うどん うたた寝

うたた寝セット　850円

まるで店名どおり「うたた寝」してしまうほど居心地の良いうどん店。木目調の落ち着いた内装は香川にいるような錯覚におちいる。もともとレストランを営んでいた高山さんと娘さん。そもそもうどんが好きだったこともあって、途中から讃岐うどんをやりたくなり、香川まで修業に行き、うどん専門店を始めた。麺は中太でコシと弾力のあるタイプだ。だしは日高昆布や４種類の節、伊吹島のいりこなどで取る。すだちは徳島から取り寄せるこだわりぶりだ。こちらでは「うたた寝セット」がお得。うどんと天ぷら盛り合わせにご飯のセット。うどんは「ぶっかけ」か「かけ」、ご飯は「鶏そぼろ」か「かやく飯」か「いなりずし」からそれぞれ選ぶ。うどんが出来るまでは「おでん」（90円〜）も味わえる。

Data

讃岐うどん うたた寝

東京都練馬区石神井町 3-27-20 早川ビル 1F

☎ 03-3904-3667

営業時間／ 11:00 ～ 15:00（14:45 L.O.）

17:00 ～ 21:00（20:45 L.O.）

㊐㊗ 11:00 ～ 15:00（14:45 L.O.）

定休日／土

一流の伊勢料理店で郷土うどんを

伊勢陣

東京メトロ日比谷線の恵比寿を降りて5番出口。その向かいの地下一階。白木のテーブル&椅子にモノトーンのシックでスタイリッシュな内壁。洋楽が流れる店内では、ネクタイ&白いコスチュームの調理人が真剣に料理に向き合っている。それが『伊勢陣』。

伊勢料理が主体の料理店

もともとは三重からスタートし、都内にも系列店が8店舗。多くは伊勢料理が主体の料理店だ。例えば、伊勢海老（100g 2000円～）、黒鮑（100g 2500円～）、松坂牛網焼（2500円）など。その他、魚も含めて、一流の食材が三重から直送されてくる。

コシのある アレンジ伊勢うどん

そして、三重といえば伊勢うどん。もちろん『伊勢陣』にもメニューに存在する。もともとはふんわりとした系統のご当地うどんだが、こちらでは東京に合わせて、むっちりとした、コシのあるうどんの仕上がりに。いわば、伊勢うどんの東京進化系といったところだろうか。たまり醤油を使用した、すっきりとした甘みのあるつゆがいい具合にかかっている。それをカツオ節と共に、よく混ぜて、つゆの旨みも一緒に楽しもう。また、ランチタイムは小鉢と細巻き、味噌汁がついて900円とお値打ちものだ。そして、夜はお酒も飲めるいい雰囲気。日本酒は6種類が三重の酒。特に「るみこの酒」（1300円）が人気だそう。その他、焼酎、ワイン、エビスビールなど各種アルコール類が充実している。旨い肴を食べながら一杯やりつつ、オープンキッチンで調理の様子をじっと眺められる。

三重から直送の高級食材の数々

Data

伊勢陣

東京都渋谷区恵比寿南 1-2-9
小林ビル B1F
☎ 03-5773-7400
営業時間／11:30 ～ 14:30
18:00 ～ 23:30
㊏㊐㊗ 18:00 ～ 23:30
定休日／無休

伊勢うどん 750円

香川『宮武』の味、ここに見参！

UDON 和ダイニング かがり火

飲める店

讃岐うどん

東京／上野

昼夜問わず様々な人が行き来する街、上野。その喧騒の中、ふっと脇道に入り、さらに地下へ。すると茶系の素敵な内装のうどん店が、そこにある。

香川出身の兄弟がうどん店を

『かがり火』は香川出身の大下義弘さんと知映さんの店だ。なんといっても2人の連携プレーが見事だ。兄の義弘さんは、「グローバルダイニング」などの飲食業の経験があり、弟の知映さんは香川の有名うどん店『宮武』の出身。なので接客もバッチリ、うどんもバッチリ。特にうどんはすごい。練って、踏んでを7回繰り返す麺は、がっしりとした男気溢れる口あたり。「ぶっかけ」はそこに、あっさりだがコクのあるだしがかかる。特にお得なのはエビ、ちくわ天、鶏もも肉などが載る「かがり火天おろし」。もちろん「醤油」「ざる」「おろし」「かけ」など正統派讃岐うどんメニューも。しかも「ひやひや」など、うどんファンが大喜びするメニューがあるのはさすが『宮武』出身。

飲んでから〆にうどん

『かがり火』は夜の一品料理にも定評がある。たとえば、牛すじや大根などの「おでん」。48時間コトコト煮込んだ、柔らかく、旨みが染み渡る一品。また「するめいかの白子」「牛すじのとろとろ煮」など酒の肴も充実している。一方、アルコール類も名酒揃い。香川の地酒である「凱陣」が数種類（630円～）。その他、カウンターの前には日本酒、焼酎がズラリと並ぶ。夜はお酒を楽しんでから、最後にうどんという方のために、うどんの量を2／3にし、価格を少し下げているのも嬉しい。

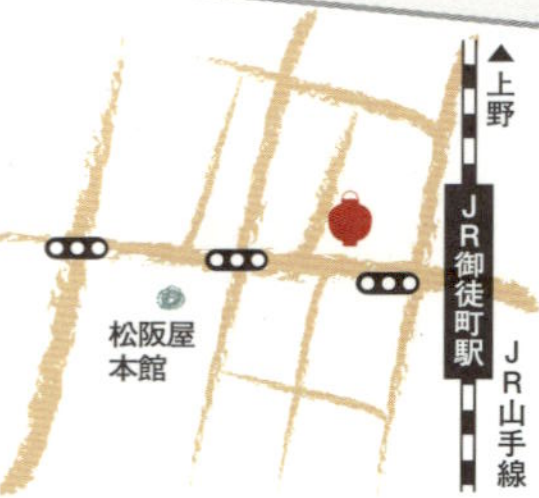

大下 義弘さんと知映さん

Data

UDON 和ダイニング かがり火

東京都台東区上野 4-1-3
仙家ビル B1F
☎ 03-5818-6050
営業時間／ 11:30 ～ 15:30
17:30 ～ 23:00
㊐㊗ 11:30 ～ 15:30
（麺なくなり次第閉店）
定休日／月

かがり火天おろし 850円

飲める店
博多うどん
東京／赤坂

肴や酒が「勧進帳」にずらり
赤坂有薫

丸天うどん 840円（ランチタイムは丸天うどん定食 1000円）

赤坂にあるエクセルホテル東急。その中で20年。一歩踏み入れば、民芸調の懐かしき雰囲気に思わず癒される。九州料理の店だ。「勧進帳」と書かれた長い巻物状のメニューには、「五島いか」「馬さし」などのお刺身、「玄海いわし」「霧島鰻」などの焼き物、「有明海珍味盛り合わせ」などの煮物などがずらり。お酒の類もスゴい。芋焼酎だけで120類！ 日本酒はオリジナルブランドの「有薫大吟醸」をはじめ、逸品が並ぶ。だが「守るべきもの十変えるべきもの」が必要だそう。つまり素材は九州でも味付けは東京に近づけている。例えば「丸天うどん」。本場はつるつるとした食感が好まれるが、こちらではシコシコタイプにアレンジ。小アジなどで取っただしがしみじみ伝わってくるのだ。

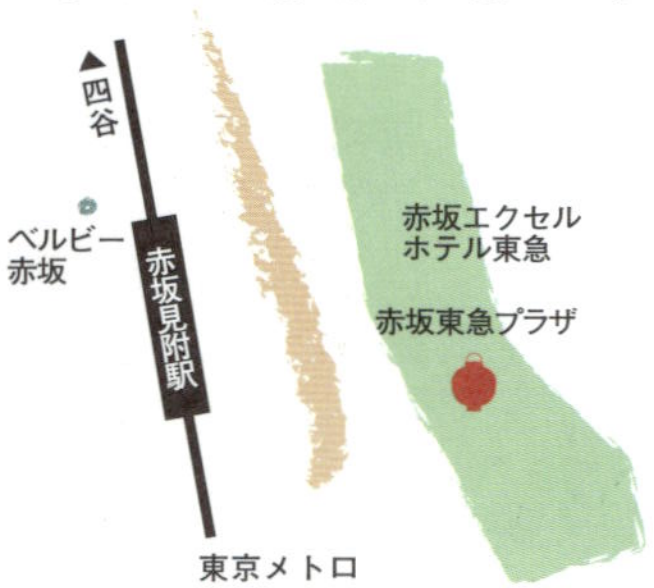

Data

赤坂有薫（あかさかゆうくん）
東京都千代田区永田町 2-14-3
赤坂エクセルホテル東急 3F
☎ 03-3592-0393
営業時間／ 11:30 ～ 14:00
17:00 ～ 22:00 (21:45 L.O.)
㊏㊐㊗ 16:00 ～ 21:30
定休日／無休

下 五島直送の食材に舌づつみ

ごっつおや 五島伊勢丸

飲める店

五島うどん

東京／茅場町

地獄だき（3人前） 2100円

長崎県五島。かつては遣唐使が中国往来する拠点として重要な位置を占めた場所。海が綺麗な島だ。その五島出身の堀井リツ子さんが4年前に始めたのが『ごっつおや五島伊勢丸』。カウンターと板の間の店内は明るく開放的な雰囲気。下五島から直送の、ひらまさ、かんぱち、きびなごなど、旬の魚や五島牛が味わえるお店。五島うどんは夜のメニュー。「食べて飲んだあとに最後に食べる人が多いね」と堀井さん。食べ方としてはまず「地獄だき」。土鍋でぐつぐつと茹でられた細いストレートうどんを、玉子やしょうがに醤油をかけたつけ汁で味わう。熱々のうどんの優しい口当たりだ。そして「ざるうどん」。冷たい麺をアゴだしの醤油汁につけていただく。するするとした舌触りが楽しめる。

Data

ごっつおや 五島伊勢丸

東京都中央区日本橋茅場町 2-3-9
ハヤオビル 2F
☎ 03-5652-1775
営業時間／ 11:00 ～ 14:00
17:00 ～ 22:30
定休日／土・日・祝

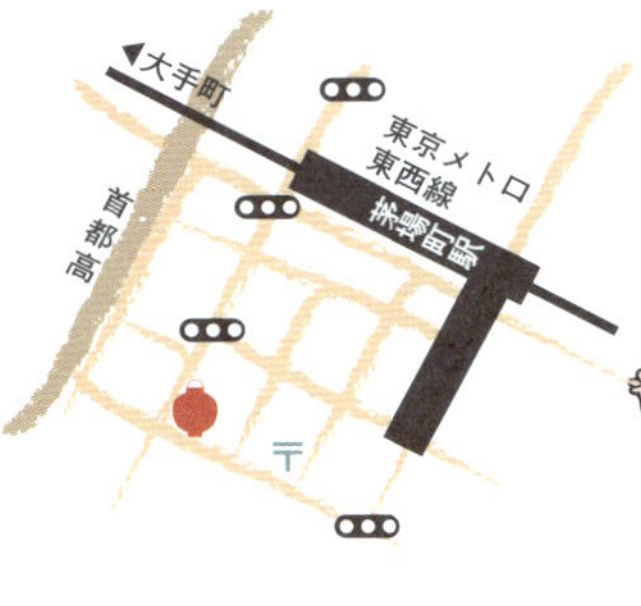

飲める店

讃岐うどん

神奈川／横須賀

フードテーマパークさながら

赤とら

梅おろし＋かき揚げ　871円

まるでフードテーマパークのような内装だ。夜の昭和の住宅地。その一角にテーブルが置かれ、うどんをすする雰囲気。麺は讃岐うどんの系統。香川から取り寄せる粉を用いた、細めのつるるんとした喉越しの麺で、噛むとむにゅっとした食感が楽しい。「梅おろしうどん」はそこに大根おろしと、大きくて甘酢っぱい紀州の梅干が載っている。と共に、ぜひ「かき揚げ」も味わいたい。桜エビや玉ネギなど野菜もたっぷりで、しかも大きくて驚き。さらに、おでん、天ぷら、一品料理も充実。また、アルコールメニューも豊富だ。例えば芋焼酎の「黒久耀（くろくよう）」。かめだしで451円はお得だ。そしてカウンターにはメニューにない焼酎もズラリ。JAZZが流れる店内でゆったりとした時を過ごそう。

Data

赤とら

神奈川県横須賀市日の出町 2-1
小瀬村日の出ビル 1F
☎ 046-825-3231
営業時間／ 11:30 ～ 14:30
17:30 ～翌 4:00 (3:30 L.O.)
定休日／日

飲める店
讃岐うどん
千葉／五香

うどんもお好み焼きも秀逸

源藤

おろし生醤油うどん　800円

藤田泰光さんは34歳。だが、店を構えて12年目。父親が高松出身だったため、小さい頃からあっさりだしのうどんに親しんでいたそう。そんな事もあって、うどん店で修業を積んで独立した。のべ2日がかりの仕込みの麺は、まさしく讃岐うどんの系統。がっしりとしたコシのあるストロングタイプ。量も生麺で200gとたっぷりなのも嬉しい。イチオシは「おろし生醤油うどん」。大根おろしを上に載せ、香川の生醤油をかけていただくと、まるで香川にいるような感覚に陥る。また、『源藤』では、お好み焼きも人気だ。分厚い鉄板で焼いてくれるお好み焼きは、注文があってから練りだすため、ふわふわっとした食感が楽しめる。ドリンクバー150円は家族連れにも評判！

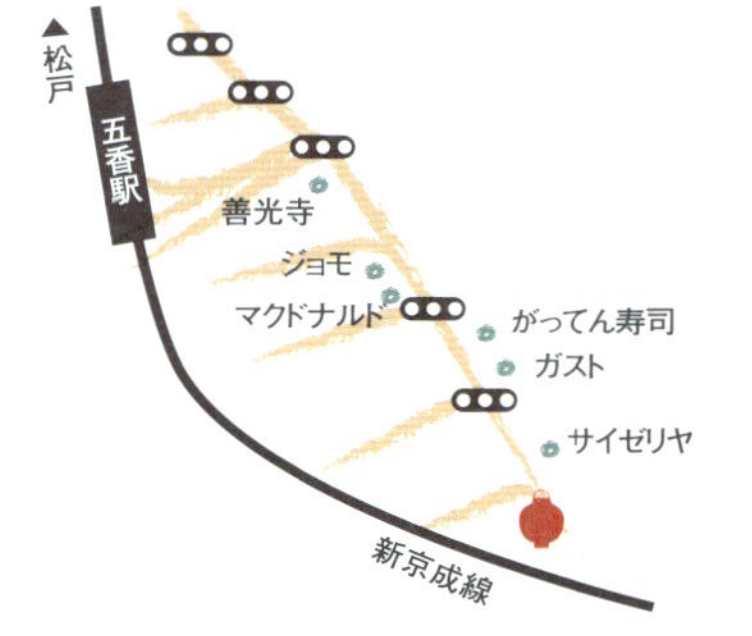

Data

源 藤（げんふじ）

千葉県松戸市五香 1-33-20
☎ 047-383-4613
営業時間／ 11:00 ～ 14:00
17:00 ～ 21:30（L.O.）
定休日／火

讃岐と武蔵野の2枚看板

水織

飲める店

武蔵野うどん

埼玉／北本

肉ねぎ汁うどん（中） 560円

「水を織る」と書いて「みおり」。この周辺でのうどんの別称。とにかく広い店舗だ。席数が約110席。だがファミレスタイプと思いきや、自家製麺にこだわる本物志向のうどん店。『水織』は讃岐うどんと武蔵野うどんが2枚看板。共に麺は、太くて、よりのかかった白いタイプ。加水率が高く、もちもちとした食感。1玉だと小、2玉で中、3玉で大。その麺で讃岐系では「温玉ぶっかけ」、武蔵野系では「肉ねぎ汁うどん」などが味わえる。ともにすっきりとした甘めの汁。「麺を食らう」そんな喜びが伝わってくる。さらに『水織』では居酒屋メニューも人気だ。一品では「若鶏のから揚げ」「ほっけの塩焼き」など。お酒はビールから日本酒、焼酎まで。ゆったりした空間で一杯かたむけるのもいい感じ。

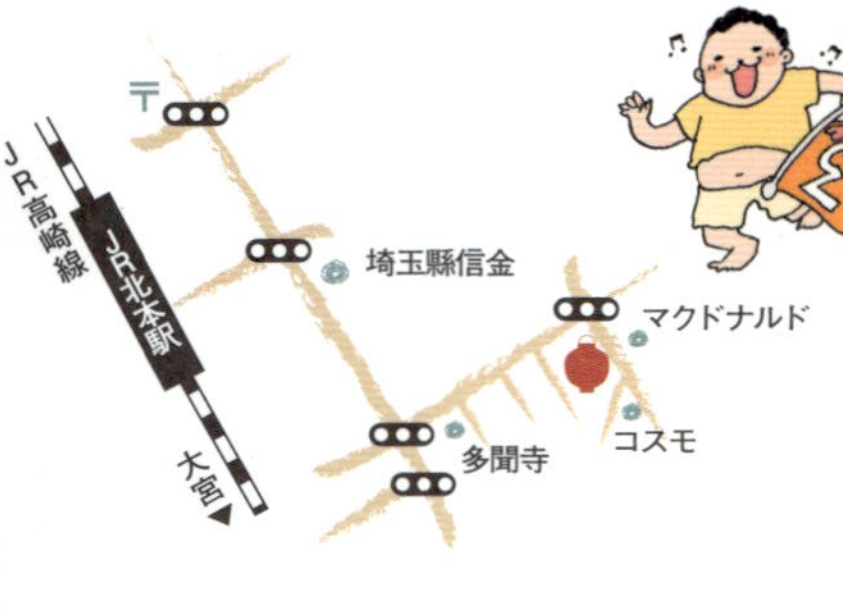

Data

水織（みおり）

埼玉県北本市本宿 4-33-3

☎ 048-590-1122

営業時間／ 10:30 ～ 15:00 (L.O.)
17:00 ～ 21:30 (L.O.)
(22:00 まで)

定休日／水（祝日の場合は営業）

カップうどん・通販で味わう極上うどん

カップ

日清のごんぶとカレーうどん ／日清食品

麺	丸い断面の麺はむちむちっとした食感が、お店で食べるうどんにかなり近い。
スープ	濃厚なカレースープ。深みとコクのバランスが良く、カップとは思えぬ出来。
具	豚肉やニンジン、ネギなどが細切れになって入っている。揚げ玉も載る。
総合	生麺を熱湯でさっと戻すタイプで、店舗で食べるうどんにより近づいている。スープも濃厚なカレースープで、本格派。もはやカップ麺を越えたカップ麺といえよう。

日清のどん兵衛 きつねうどん ／日清食品

麺	中太の平打ち縮れ麺。つるつるとした弾けるような食感が楽しめる。
スープ	醤油やや濃いめでいて、爽やか。甘くなく、しょっぱめの仕上がりだ。
具	わりと大きめなカマボコに、ほのかに甘めの大きくてふっくらとした油揚げ。
総合	昭和 51 年発売の大ロングセラー商品。甘さよりもすっきりとした醤油の良さが活きている。丸大豆 100% のふっくらとした油揚げにもびっくりする。

日清のどん兵衛
夏の辛口 旨辛ちゃんぽんうどん ／日清食品

麺	中太の平打ち縮れ麺。つるつるとした弾けるような食感が楽しめる。
スープ	黒胡椒、白胡椒、赤唐辛子の辛さが全体の旨みを引き立てている。
具	イカ、キクラゲ、ニンジンなどのほか、唐辛子小エビ天がついてくる。
総合	「どん兵衛」の 30 周年を記念して開発、発売されたカップ麺。乳白色したスープはまろやかだ。そこに調味料の辛味がいい具合に合わさっている。

日清のどん兵衛 天ぷらうどん ／日清食品

麺	中太の平打ち縮れ麺。つるつるとした弾けるような食感が楽しめる。
スープ	醤油がやや濃いめだが爽やかなだし。甘くなく、しょっぱめの仕上がり。
具	後載せの天ぷらはサックサクとした口あたり。リニューアルでエビが大きくなった。
総合	初登場以来 10 年を超え、数年前にさらにリニューアル。根強い人気がある商品だ。天ぷらがさらにサクサクとした仕上がり。エビも大きくなってビジュアルもグッド。

日清のどん兵衛 博多ごぼう天うどん ／日清食品

麺	中太の平打ち縮れ麺。つるつるとした弾けるような食感が楽しめる。
スープ	焼きアゴ（トビウオ）を使用したスープ。すっきりだが旨みが濃い。
具	短冊切りになったごぼうの天ぷらが、「これでもか!」と入っている。
総合	博多うどんの良さがふんだんに盛り込まれたカップうどん。淡口だがしっかりとだしの効いた醤油スープがいい。ごぼうもサクサクとした歯ごたえがあり、美味。

マルちゃん 赤いきつねうどん ／東洋水産

麺	中太の平打ち縮れ麺でピロピロとした食感。噛むとモチモチ具合が良い感じ。
スープ	醤油だしが強めでしょっぱめ。それでいて甘めの主張の強い仕上がりだ。
具	甘くてジューシーな大きい油揚げ。小さなふわふわ炒玉子がカワイイ。
総合	定番商品「赤いきつね」の全国バージョン。濃いめの醤油だしで、甘辛いテイストを楽しみたいときに最適。ちなみに関西バージョンもある。

マルちゃん まろやか鶏カレーうどん ／東洋水産

麺	中太の平打ち縮れ麺でピロピロとした食感。噛むとモチモチ具合が良い感じ。
スープ	通常のカレーよりもミルクテイストが活きる。甘みとまろやかさが押し寄せる。
具	鶏つくねのしっとりとした柔らかさが、カップうどんに新風を起こした。
総合	今、流行のミルク系カレーうどんの流れが、カップうどんにも来たというイメージ。クリーミータイプの甘めなテイストに時代の流れを感じる。

マルちゃん 黄色い肉うどん ／東洋水産

麺	中太の平打ち縮れ麺でピロピロとした食感。噛むとモチモチ具合が良い感じ。
スープ	豚肉とワカメの旨味が、爽やかな淡口の醤油スープに徐々に溶けこむ。
具	豚肉や、三陸産のワカメ、長ネギなど。特に甘辛く煮た豚肉がいい。
総合	ほんのり甘めの醤油スープに、甘辛く煮た豚肉の味がじわじわと溶け、味の変化が楽しめる。ワカメには三陸産を使用するなど、本物志向のこだわりも嬉しい。

マルちゃん 金のたまごうどん ／東洋水産

麺　中太の平打ち縮れ麺でピロピロとした食感。噛むとモチモチ具合が良い感じ。

スープ　さらっとしたスープに後からかける鶏油が、まさに斬新な一品。

具　小エビ入りの厚焼きたまご。分厚く、大きく、しっとりとした食感だ。

総合　ラーメン店『中村屋』と東洋水産のコラボ商品。『中村屋』ならではの鶏油の発想が、うどんにも効果を発揮する。マイルドで香り豊かなスープはうどんの革命児！

恐るべきさぬきうどん きつね大 ／宮武讃岐製麺所

麺　熱湯でゆがくだけの生タイプうどん。ぷるるんとした食感で、弾力もある。

スープ　カツオや昆布の効いたすっきりとしたスープ。ワカメの旨味が溶けこむ。

具　通常の２倍はあろうかという甘めの油揚げ。乾燥ではなくレトルトパウチ。

総合　うどん本「恐るべきさぬきうどん」の流れを組む商品。香川にある製麺所が製造していて、本場の良さがにじみ出ている。油揚げの大きさにもびっくりだ。

すうどんでっせ ／明星食品

麺　細めの平打ち縮れ麺。するっとした喉越しのうどんは、からだに優しい印象。

スープ　昆布のとても効いた、淡口の醤油だし。自然で素朴な風味が楽しめる。

具　揚げ玉と刻みネギが添付されていて、シンプルな見た目。

総合　商品名のごとく「素うどん」といった感じ。その分、だしにこだわっていて、厳選素材の利尻昆布で昆布の旨みが効いている。関西風といった仕上がりだ。

ニュータッチ とん汁うどん ／ヤマダイ

麺　つるつると舌触りが滑らかで、もちもちとした弾力のあるうどん。

スープ　白味噌がベースで、赤味噌などもブレンド。薄めだがやみつきになる。

具　豚肉、ごぼう、油揚げ、ニンジン、長ネギ。小さく刻んであり、食べやすい。

総合　毎年リニューアルを繰り返す「とん汁うどん」。爽やかな味噌の風味と、まろやかなコクのある野菜で取ったスープ。別添えの唐辛子をかけると引き締まった味になる。

通販

埼玉　加須うどん
つかさ

http://www.udon-tsukasa.co.jp/

埼玉県加須市浜町 3-13
☎ 0480-62-3443

1 パック 400g（2人前）つゆ有り 800 円など

加須インターから5分のうどん・そば店。機械不使用の純手打ち麺が味わえる。通販ではつゆ有りとつゆ無しの2種類を扱っている。その他、店舗の紹介や、うどん・そばの写真入りメニュー紹介などがある。

群馬　水沢うどん
大澤屋

http://gamnavi.jp/town/19792/index.html

群馬県北群馬郡伊香保町大字水沢 125-1
☎ 0279-72-3295

謹製半生うどん（お試しセット）1450 円など

コシの強さと透明感のあるうどんが特徴。店舗案内やメニューの紹介のほか通販もおこなっている。半生うどんや生うどんに加え、「まかない」と名付けられた乾麺も扱う。肉うどん、つゆあり、つゆなしなど種類も豊富。

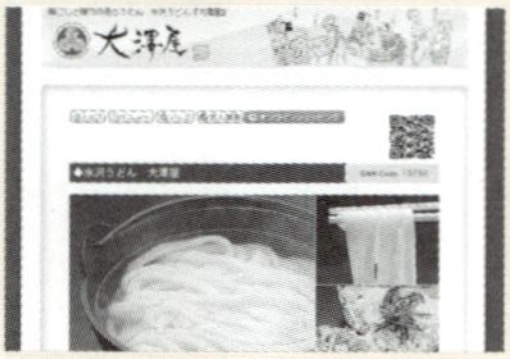

秋田　稲庭うどん
無限堂

http://www.mugendo.jp/

秋田県秋田市泉東町 8-55
☎ 018-868-3371

生稲庭饂飩「一年熟成 」180g（2人前）470 円など

秋田に3店舗を構えるうどん店。一般用、贈答用など、インターネットのみ販売のうどんが購入できる。その他、各店舗の紹介や、ゆで方やメニューごとの作り方なども掲載。秋田の美味しい料理の情報も。

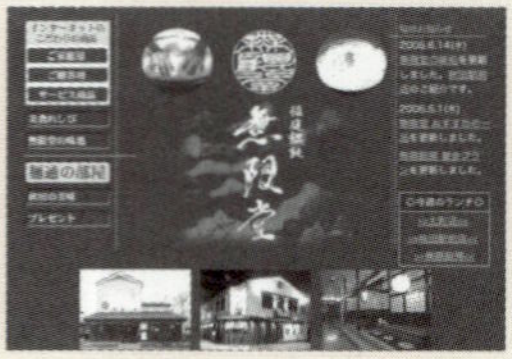

京都　京都うどん
権太呂

http://www.gontaro.co.jp/

京都府京都市中京区麩屋町四条上ル
☎ 075-255-0300

きつねうどん 609 円ほか

京都に4店舗を構える日本料理、うどんそば店。各店舗の紹介や京風うどんすきの美味しさの秘訣、そばの話などが。通販はうどんが半生麺で、きつねうどん、にしんうどんなど数種。親子丼、だし茶漬けなども扱う。

三重　伊勢うどん
伊勢一

http://www.iseichi.com/index.shtml

三重県津市久居明神町 2610-4
☎ 059-256-5605

伊勢うどん 2食タレ付き 350 円ほか

本場香川の有名店。伊勢の特産品を扱うネットショップ。伊勢うどん、伊勢芋、てこね寿司、こんにゃく麺、大矢知、中華そば、そうめんなどが揃う。その他、伊勢うどんの歴史や、太さの比較なども。メルマガも発行している。

愛知　名古屋うどん
宮きしめん

http://www3.famille.ne.jp/~w-leaves/order_nikomi.htm

愛知県名古屋市東区徳川 2-5-5
☎ 052-935-8968

半生味噌煮込みきしめん 220g×2袋（4人前）1050 円ほか

名古屋にある老舗きしめん店。レシピ、クーポン券、周辺のおすすめスポットの紹介、名古屋弁講座などもあり、楽しめる。通販はきしめんと味噌煮込みなど。半生麺のほか冷凍麺も扱っている。期間限定商品も。

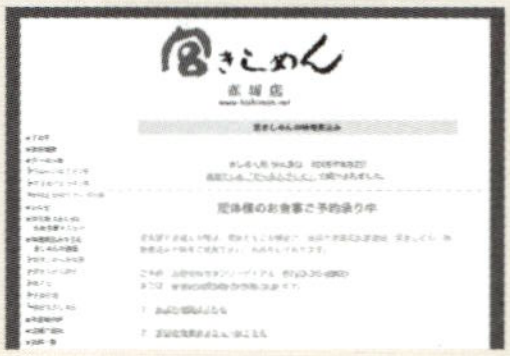

香川　讃岐うどん
亀城庵

http://www.kijoan.com/index.html

香川県坂出市旭町 1-1-26
☎ 0120-45-2860

亀城庵お試しセット
1234 円ほか

本場香川から打ち立ての讃岐うどんを提供。レシピ集やメルマガ、マンガ、プレゼントなど盛りだくさん。通販はお試しセットから季節限定商品、練りこみうどんなど幅広いラインナップ。ラーメンも扱っている。

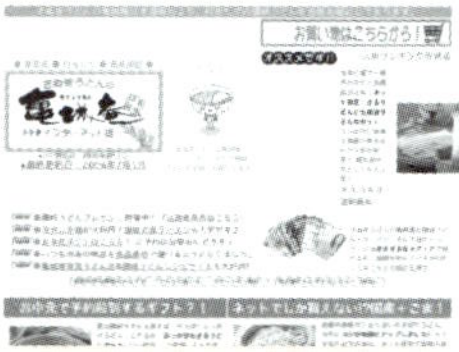

富山　氷見うどん
あけぼの庵

http://www.akebonoan.com/

富山県氷見市窪 491
☎ 0766-91-3511

「綾紬」詰め合わせ
788 円ほか

直営うどん店もある、氷見うどんの製造販売店。医食同源をコンセプトに無農薬の小麦粉にこだわる。手打ちと手延べの違いなどの説明も。通販は「綾紬」という乾麺が主体。その他、練りこみ麺や乾麺のそばも扱う。

関西　関西うどん
ちから餅

http://www.koushien-chikaramochi.com/

兵庫県西宮市甲子園口 3-26-7
☎ 0798-67-0457

関西きつねうどん
5人前 1470 円ほか

兵庫は甲子園にある、創業約 50 年の老舗うどん店。店舗概要や通販が掲載されている。通販は関西きつねうどん、カレーうどん、ざるそばなど麺料理のほか、焼き菓子、ボーレー茶、十穀おこわなどの商品も扱っている。

長崎　五島うどん
手延べ麺工房こんどう

http://www.gotoudon.com/

長崎県南松浦郡新上五島町浦桑郷字浦浜 1371-1
☎ 0959-54-2405

五島手延べうどん 200g
スープ付き 1890 円ほか

「幻のうどん」とも言われる五島うどんの製造販売を行う。通販ではうどんやそうめんのほか、パスタも扱う。あごだしスープ、焼きあご、うにめしなど多種のアイテムが。五島うどんを作るのにかかせない椿油も購入可能。

宮崎　宮崎うどん
てんりょううどん

http://www.tenryo.co.jp/

宮崎県日向市新生町２丁目 66-1
☎ 0982-52-2822

うどん２人前セット
400 円ほか

釜揚げスタイルで提供される宮崎うどんの製造販売店。直営のうどん店も８店舗ある。栄養成分表や食品リサイクルシステムの説明、おいしい食べ方の説明も。通販は生麺・スープ・薬味（揚げ玉・乾燥ネギ）つき。

香川　讃岐うどん
おか泉

http://www.okasen.com/

香川県綾歌郡宇多津町浜八番丁 129-10
☎ 0877-49-4422

生うどん生じょうゆタイプ
（4人前）1050 円

本場香川の有名店。うどん通販のほか店舗案内やメルマガ、おいしいうどんの作り方などが掲載されている。通販は冷凍で約 30 日の「生タイプ」と約 60 日の「半生タイプ」あり。「讃岐うどん談義」など読み物も充実。

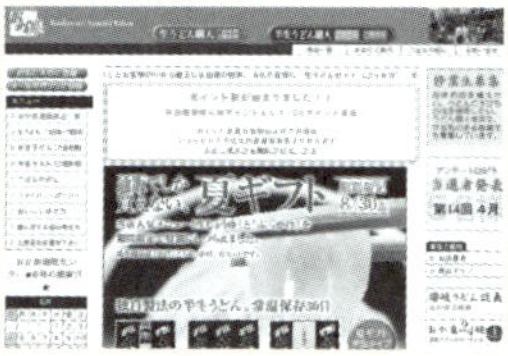

彼女と行きたい

なつかし系
VS
おしゃれ系
独りでしんみり

閑 静な住宅地にぽつんと佇む

敬亭山

『敬亭山』それは中国の山の名前だ。李白も漢詩で「変わらない」ものの代名詞として謳っている。そんな雰囲気にぴったりのうどん店。湘南モノレールの湘南深沢駅より約10分。緑豊かな閑静な住宅地にぽつんと佇む。

自宅を改装してうどんを提供

玄関から靴を脱いで、テーブル席のある部屋へと赴くと、なんだか親戚の家に遊びに来たような気分になる。ご主人は川島嘉郎さん。解体関係の会社を営んでいたが、もともと趣味で打っていたうどんにハマり、会社をたたみ、うどんの世界へ。今では奥様と二人三脚でうどん屋さんを営む。

だしの美味しさがいい関西系

川島さんの行き着いた先は関西うどん。「だしの美味しさ」に惹かれ、大阪で修業を積んだ。サバ、宗太、うるめ、かつお、昆布などで取っただしは、あっさりで、ほんのり甘め。だが、麺は本場よりしっかり。太めのしなやかなる仕上がりで、やや讃岐よりの食感だ。イチオシは「金時うどん」。油揚げと天かす、そして力餅の入ったうどん。「力餅＝力持ちから、金太郎。で、金時山の金時」だそう。

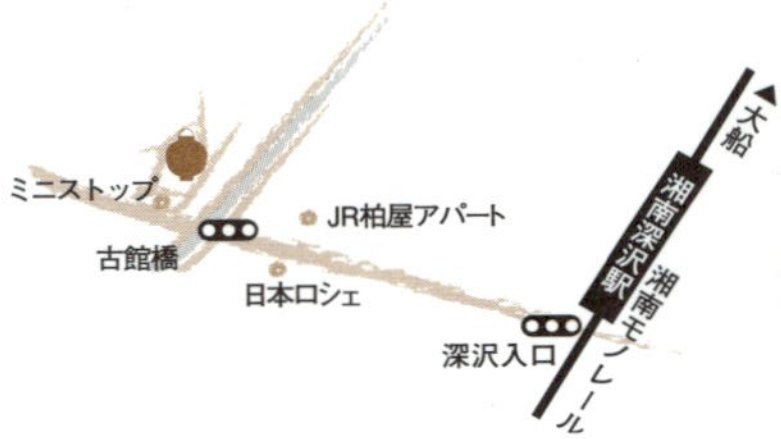

「オープンして4年半。ほとんど宣伝らしきことはしてないんだよね」と笑う川島さん。「まだまだ完全じゃない」と、いつも麺もだしも改良を重ねている。そんな真面目さやほのぼのした雰囲気に惹かれて、遠くからもクルマで訪れる常連さんも多いのだ。

川島 嘉郎さんと奥さん

Data

敬亭山（けいていざん）
神奈川県藤沢市宮前 370-13
☎ 0466-52-1540
営業時間／11:50 ～ 14:00
17:30 ～ 20:30
㊏㊐ 11:50 ～ 20:30
定休日／月・火

金時うどん 700円

なつかし系
オリジナルうどん
東京／大泉学園

エンが重なる真剣うどん

エン座

世の中に美味なるうどん店は数あれど、スゴいうどん店は何店舗あるだろうか。東京は石神井台にある『エン座』。木目調の明るく清潔な店内で、地元は練馬で生まれ育ったご主人の加藤智春さんと奥様が切り盛りしている。店名にもある「エン」、これには3つの意味が含まれているそう。車座になる「円」、人と人との「縁」、そして燻製の香り豊かな「煙」。そのこだわりにも真剣さがみなぎる。

白く美しい男性的なうどん

『エン座』のうどんは綺麗だ。香川の木下製粉から仕入れた粉で、白く美しい仕上がり。やや太めで、むちむちっとした食感で、とても男性的。「みぞれ糧《かて》盛り」は、これを爽やかな甘さが活きるつけ汁と大根おろしで味わう。他にも時期によっては麺に大根を練りこんだり、特別な粉でうどんを打ったり、常に研究も怠らない。

生きるまじめさが伝わってくる

だが、本当に加藤さんがスゴいのは、そのコンセプトだ。地元の農家とともに小麦粉を栽培したり、うどん打ち教室をボランティアで開いたり。年に数回はご当地うどん処を周り、店舗や製粉会社、研究者たちと交流を深める。その姿には、うどんを通じて、まるで、生きるまじめさを伝えているかのよう。営業時間も通常は11時30分～14時30分のみ。手作りなので毎日80食が限度だ。「うどんはスローフード。食の安全とかを考えたら、これでいいと思うよ」と加藤さん。そして今日も営業時間が終わると、また翌日のために何時間も仕込みを続けている。

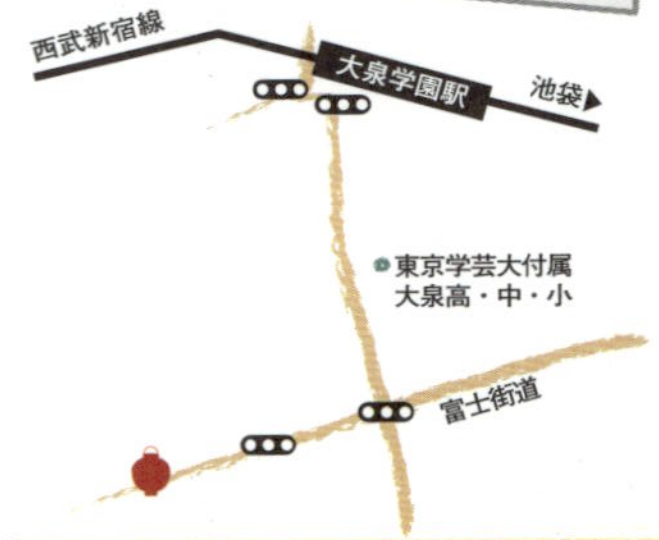

加藤 智春さんと奥さん

Data
エン座
東京都練馬区石神井台 8-22-1
☎ 03-3922-0408
営業時間／11:30 ～ 14:30
＊土曜のみ夜営業
18:00 ～ 20:30
（予約制）
定休日／月・第１火

みぞれ糧盛り・750円

なつかし系

関西うどん

東京／鶯谷

ラジオの音に癒される

いらっしゃい

志っぽく　600円

木のカウンターに、ラジオの音。なんともほのぼのとした感じが『いらっしゃい』の良さだ。店主は清水豊さん。神田の『さぬきや』で20数年。料理長を任され、そして独立した。仕込みも接客もすべてひとり。うどんはもちろん手作りで、常に切り立てを提供する。朴訥《ぼくとつ》な田舎うどんといった食感で、けっこう硬い茹で上がり。だしは真昆布といりこがベースの、関西風のあっさりテイストだ。メニューは「きつね」「たぬき」などのほかに、東京では珍しく「志っぽく」も。花ガツオの香りや、シイタケやタケノコの食感もいい。また50円プラスで柚子もトッピング可能だ。そして、面白いのは裏メニューの「おろしにんにく」。これを上からシュッとかけると、なんとも美味なるうどんになるのだ。

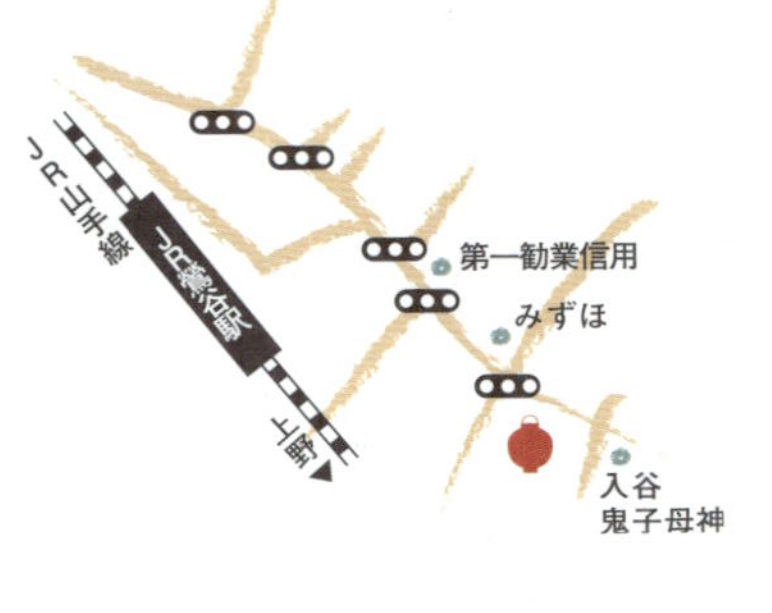

Data

いらっしゃい

東京都台東区下谷 1-13-10

☎ 03-3845-4371

営業時間／ 11:00 ごろ～ 21:00 ごろ

定休日／日

丹沢の水にこだわる讃岐うどん

綾

なつかし系

讃岐うどん

神奈川／宮前平

しょうゆうどん（大）450円

香川に行くと「綾」という字がついた地名が多い。「辛かった修業時代を忘れないように」と『綾』という店名にしたそう。ご主人の八河徹さんは、香川の『あたりや』出身。丹沢まで汲みに行く水を使用したうどんは、加水率が高いが、朝から打つ製法で、がっしりとした仕上がりだ。この麺の良さが一番分かるのが「しょうゆうどん」。茹でた麺を水でしめ、香川のマルオ醤油をかけたメニュー。決して関東アレンジをせず、習ったとおりの香川の味を守っている。自分で棚から取る、おにぎりや寿司、天ぷらなども評判だ。お店は10時半ごろから15時半ごろまで。うどんなくなり次第閉店。

Data

綾（あや）

神奈川県川崎市宮前区犬蔵 1-9-21

☎ 044-976-5433

営業時間／ 10:30 ～ 15:30 ごろ
（麺なくなり次第閉店）

定休日／火

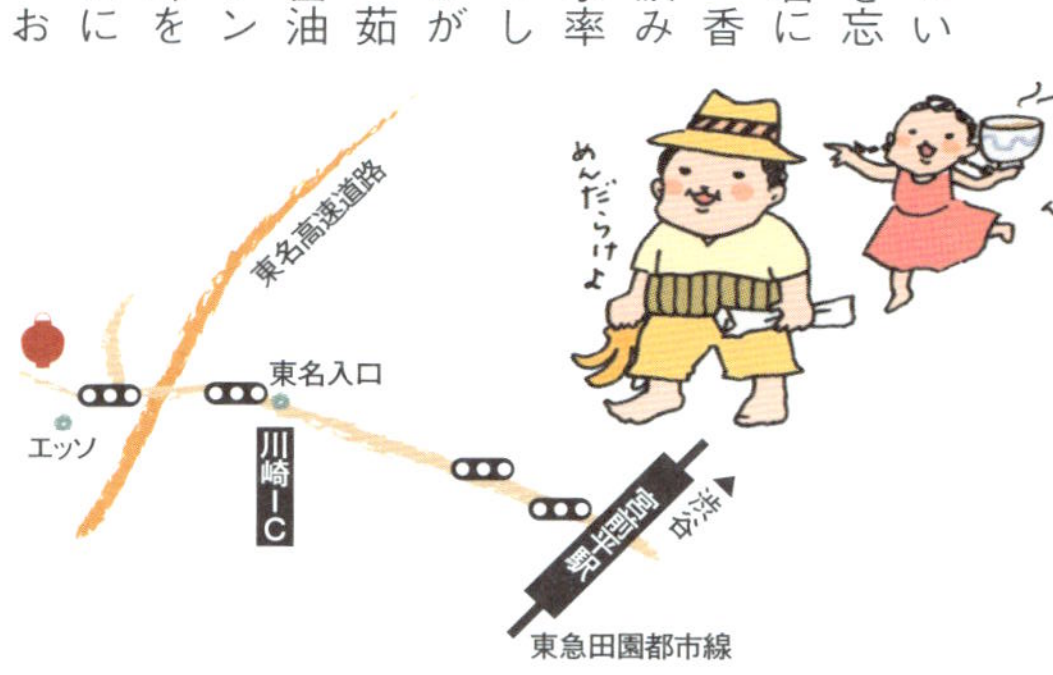

和 気あいあいとした雰囲気もいい

ぶっかけうどん 小 野

なつかし系

讃岐うどん

埼玉／北与野

スタミナぶっかけ（ネギ、白ゴマ、天かす付き）650円

落ち着いた和の清潔な空間に、J-POPが流れる和気あいあいとした雰囲気。それが『ぶっかけうどん小野』。もともと小野勝久さんは、カフェバーなどに勤めていた。だが29歳のころ、結婚を期に「うどん職人になるべく」夫婦で香川に。『大円』で修業を積み、地元の埼玉で店を構えた。イチオシは「スタミナぶっかけ」。豚バラ肉と、卵などがうどんの上に載り、あっさりめのぶっかけだしがかかっている。むにゅーっと伸びがいいうどんは、香川と埼玉では気候が違うため、約1年研究した賜物。だしも瀬戸内産いりこベースに6種類の削り節のブレンドや、昆布などを使用するこだわりぶり。「これからは讃岐うどんだけではなく、いろんなメニューにも挑戦したい」と意気込みもたっぷりだ。

Data

ぶっかけうどん 小 野

埼玉県さいたま市中央区本町東 5-13-21
☎ 048-858-7600
営業時間／ 11:00 ～ 15:00
17:30 ～ 21:00 (20:30 L.O.)
㊏㊐㊗ 11:00 ～ 21:00 (20:30 L.O.)
定休日／水

なつかし系

讃岐うどん

千葉／木更津

あさりの磯の風味ただよう

やまや

あさりうどん　700円

もともと居酒屋を営んでいた『やまや』。香川で食べたうどんにハマリ、5年前、うどんも提供するように。カウンターとテーブル席が主体の店内。今は奥さんの山岸文子さんがいつもひとりで切り盛り。ほのぼのとした空気が店内に流れている。うどんは、讃岐うどんの作り方だ。こねてから、踏んで、丸めて、踏んで、丸めて。それを何度も繰り返すため、太いちぢれ麺は、むっちむちでぷるるんとした食感になっている。だしもいりこや昆布、サバ、カツオなどでとった優しい仕上がり。醤油は香川のマルオを使用するこだわりも。ここの名物は「あさりうどん」。地元の木更津で採れたあさりがふんだんに入った一品。磯の風味がふんわり溶けこみ、なんともいいあんばい。

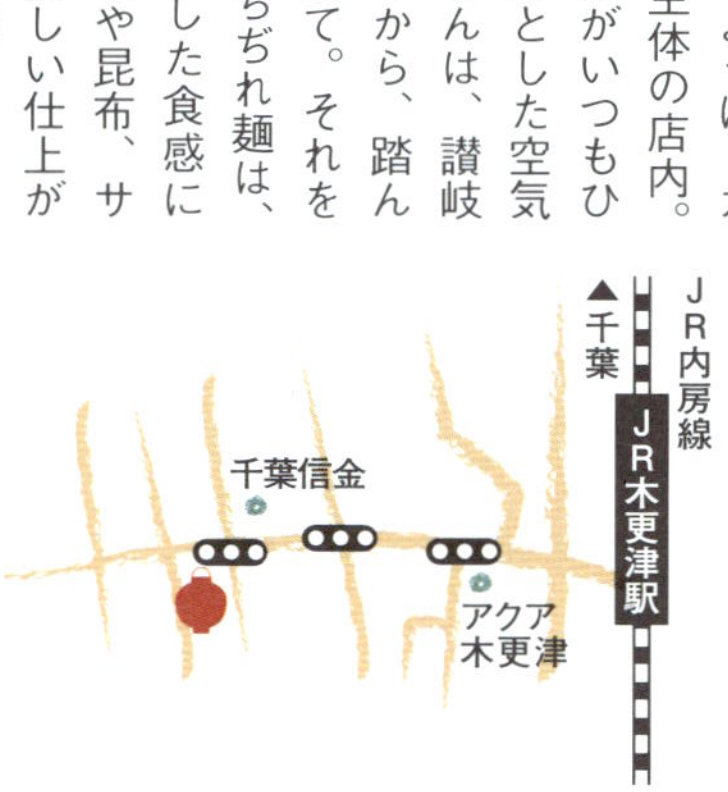

Data

やまや

千葉県木更津市富士見 1-7-13

☎ 0438-22-2340

営業時間／11:00～14:00
17:00～21:00
（麺なくなり次第閉店）

定休日／不定休

おしゃれ系
オリジナルうどん
東京／根津

驚くほどのコシが信条
釜竹

明治43年に造られた蔵を改装したうどん店。店内にはクラシックが流れ、窓の外には手入れの行き届いた庭園が広がる。

厳しい修業を乗り越えた

店を守る平岡良浩さんは、大阪にある『釜竹』の息子さん。大学に行くまでは、そんなにうどんには興味がなかったそう。だが、ある日、父の載った雑誌を見て「自分もこうなりたい」と一念発起、修業に入った。「2年の修業は厳しかったですね」と当時を振り返る。でもその努力が実り、縁あって東京に店を構えるに至った。『釜竹』の釜揚げうどんは気温や湿度で、水と塩の配分もかえる。作りたてをすぐにゆで、驚くほどのコシをかもしだす。その口あたりは、まさしくつるつる。のどごしも良いうどんだ。だしは昆布とカツオでとったもの。かえしを作らず、醤油を直接合わせる。ずっと湯煎をしているため、昼はあっさりとした良さが、夜はまるみを帯びたテイストが楽しめる。

利き酒師の資格も持つ店主

一方で日本酒に対する造詣も深い。利き酒師の資格も持つ平岡さんが厳選した日本酒は一ヶ月ごとに入れ代わる。例えば山形の「十四代」(900円〜)、山口の「東洋美人」(700円)など。とともに、「おひたし」(200円)、「たこの粕漬け」(300円)など酒の肴も揃っている。だが、あくまでメインは手打ちの良さが活きるうどんだ。しかもメニューには「釜揚げうどん」「ざるうどん」のみだ。

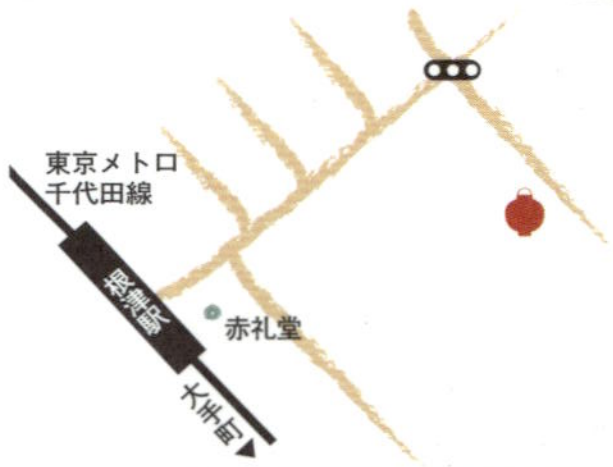

平岡 良浩さん

Data

釜竹（かまちく）
東京都文京区根津 2-14-18
☎ 03-5815-4675
営業時間／ 11:00 ～ 14:00
17:00 ～ 20:00
(日祝 11:00 ～ 14:00
16:00 ～ 19:00)
定休日／月

釜揚げうどん　850円

おしゃれ系
オリジナルうどん
東京／十条

そばやさんの良さが活きる
彩め

『彩め』の内装はオシャレだ。和の空間ながらPOPな感じ。「最初はお客さんも驚いた」と笑うが、でも、しばらくいると居心地が良く感じられる、味のある店内だ。

細めだがコシのある仕上がり

お店を切り盛りするのは、ご主人の斎藤実さんと奥さん。そば店などで10数年の修業を積み、トラック運転手などでお金をため、2003年に念願の自分の店を持った。ここはそばとうどんの両方がある。その両方を手打ちしている。うどんは、踏んで、寝かせてを6～7回も繰り返す真剣さで、出来上がるまでに3日かかる。そのため、細めだがコシがあり、するするっとした食感が楽しめる。

そば店の良さがうどんに活きる

イチオシは「ぶっかけ」。和の器に入ったそれは、カツオや本節などを用いたすっきりとした中に甘さがふっとただよう汁。上に載った美しい花カツオが、ゆらゆら。決してうどん専門店のぶっかけとは違う。いわば、そばやさんの良さが活きた、ぶっかけうどんだ。その他『彩め』で人気のメニューは「木の子と豚肉のカレー南蛮(うどんのみ)」(980円)。なんともスパイシーなカレー南蛮だ。トッピングに揚げもちが人気だとか。また冬場には「牡蛎うどん」も評判だ。片栗粉をまぶした大きな牡蛎を炒めたものが、温かいうどんに載っている。柚子の香りもふんわりただよい優しい味に仕上がっている。また夜には天ぷらなどの一品料理と各種地酒も揃い、ゆっくりと和むのにもちょうど良い。

斉藤 実さん

Data

彩め（あやめ）
東京都北区上十条 3-12-7
☎ 03-3909-5081
営業時間／ 11:30 ～ 15:00
17:30 ～ 22:00
（麺なくなり次第閉店）
定休日／不定休

豪ぶっかけ　700円

巨大な器にも味にもびっくり

つるとんたん 六本木店

おしゃれ系

オリジナルうどん

東京／六本木

明太子のおうどん　1200円

『つるとんたん』といえば大阪の有名うどん店。東京に進出し、六本木、丸の内、新宿とすでに3店舗だ。六本木店はライブ感あふれるオープンキッチン。ウエイティングバーや趣の違う個室の数々。まさしく六本木にふさわしい新感覚に驚く。だが、サプライズはまだまだこれから。例えば「明太子のおうどん」は、直径約30㎝の大きな器にうどんが盛られる。明太子ソースなどがむっちりとした麺に絡まり、ふわっとただよう辛味と、ほのかな甘みを感じる。しかも3玉780gまで同料金！　また通常の麺のほか、細麺も。その他、日替わりの「本日の肴」など一品料理も充実し、ソムリエもいて、通常のお酒のほか、特別なカクテルなどにも対応。そんな、至れり尽くせりな楽しさがいい。

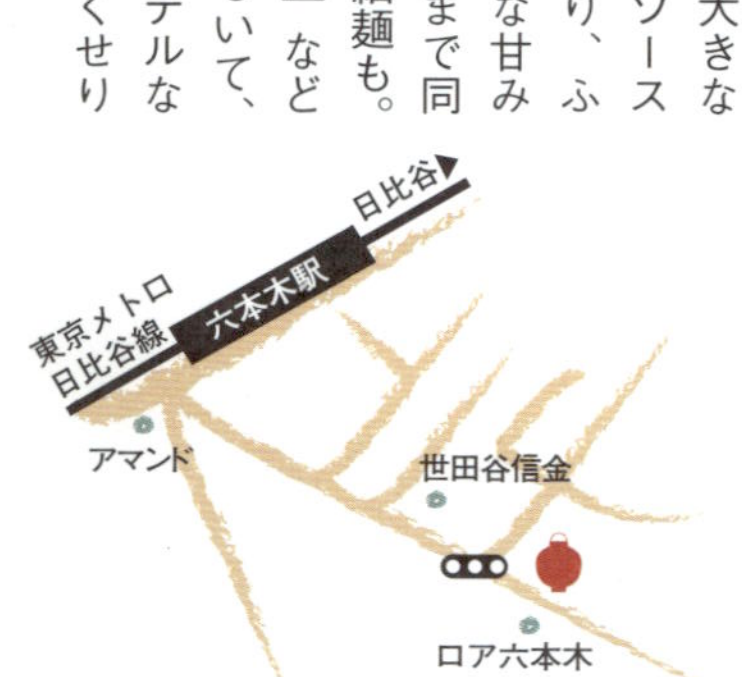

Data

つるとんたん 六本木店

東京都港区六本木 3-14-12
☎ 03-5786-2626
営業時間／ 11:00 ～翌 8:00
定休日／無休

おしゃれ系
名古屋うどん
東京／東京

白菜漬けも旨い正統派の味噌煮込み

玉丁本店

味噌煮込みうどん　1050円

２００５年１月オープンの「味噌煮込みうどん」専門店。東京駅至近で会社員から家族連れ、出張族にも人気だ。味は名古屋そのもの。八丁味噌、赤味噌、白味噌などをブレンドした、酸味と甘みのバランスのいいスープ。そこに塩を使わずに打った、太くがっしりとした麺。「でも、うどんがおいしいのは当たり前です」と高橋店長。熱々スープに白菜漬けを入れて、歯ざわりのあるうちに楽しむ。この「玉丁本店」流の食べ方がウマい！「こだわりのご飯」（２１０円）を投入するとさらに美味だし、季節限定メニューも目白押し！店内は味噌煮込みうどんのイメージどおり、木と土のぬくもりが活きている。ゆったりとした造りは「熱い商品を運ぶため」の配慮。洋楽の流れる、和める空間も魅力だ。

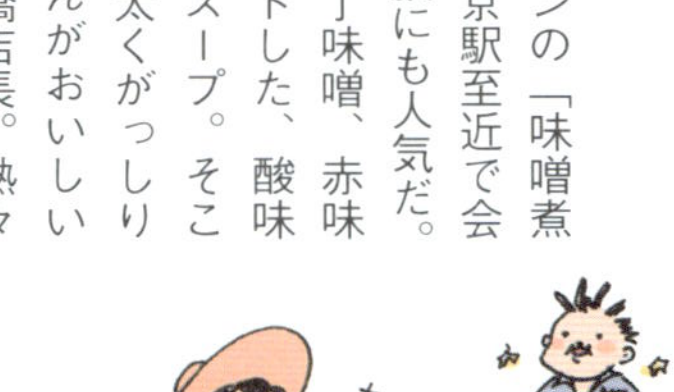

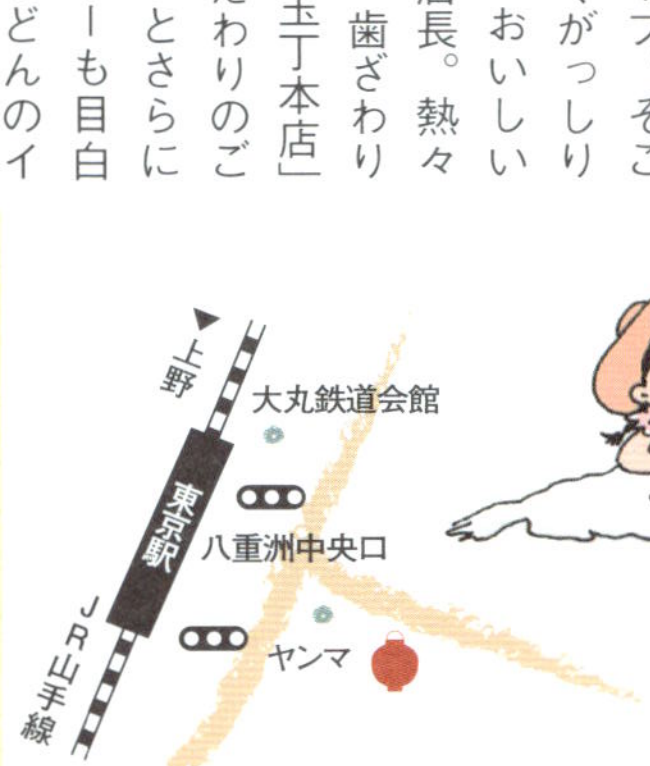

Data

玉丁本店
東京都中央区八重洲 2-1
八重洲地下街南一番街
☎ 03-6225-4831
営業時間／11:00 ～ 22:00（21:30 L.O.）
㊏㊐㊗ 11:00 ～ 21:30（21:00 L.O.）
定休日／１月１日

東京カレーうどんブームの火付け役

カレー物語～神楽坂古奈屋

おしゃれ系
オリジナルうどん
東京／神楽坂

ランチカレーうどん 1100円

『古奈屋』といえば東京カレーうどんブームの火付け役。本店の巣鴨のほか12店舗。その中で一番新しいのがここで、2005年12月のオープン。カレーうどんだけではない。スープカレー、そして夜はアラカルトが揃うダイニングレストランにも。カレーうどんは、各種スパイスを調合したルウに、和だしと、牛乳をブレンドしたスープ。辛さと魚だしの風味とともに、クリーミーさが広がる。そこに、細めの、しなやかなうどん。スープと麺が適度に絡まり、一体感をかもし出す。そして緑あざやかなる万能ネギ。なんとも計算された一品だ。11時00分～15時00分のランチタイムには「ランチカレーうどん（1100円）」がオススメ。スパイスの効いた若鶏の唐揚げや、小鉢もついたお得メニューだ。

Data

カレー物語～神楽坂古奈屋

東京都新宿区神楽坂 4-3 楽山ビル 2F
☎ 03-5229-0578
営業時間／ 11:00 ～ 23:00 (22:30 L.O.)
定休日／無休

稲庭と讃岐と武蔵野の合体作品

ひろま

おしゃれ系

オリジナルうどん

東京／学芸大学

肉汁つけうどんとミニカレーライスセット（ランチタイム）　997円

　学芸大学駅から徒歩約2分。カウンターとテーブル席があり、洒落た木のぬくもりがいい『ひろま』。その雰囲気に惹かれて、女性客も多い。うどんは武蔵野うどんの系統だ。だが、通常のそれとは違って、ちょっとこぎれいな印象。「麺は稲庭うどんの喉越しと、讃岐うどんのコシを合わせた感じに仕上げました」とご主人の斉藤浩美さん。で、つけ汁は「カレー汁」「肉汁」「きのこ汁」など。特に豚バラ肉が入った「肉汁」が人気だとか。その他、ランチタイム限定でミニカレーライスのセットもある。このカレーライスも優しい味わいで評判。とともに、お客さんの殆どがオーダーするという「ハルピンキャベツ」も。いわば浅漬けサラダ風キャベツだ。さらに焼酎が約40種類あり、低価格で夜も楽しめる。

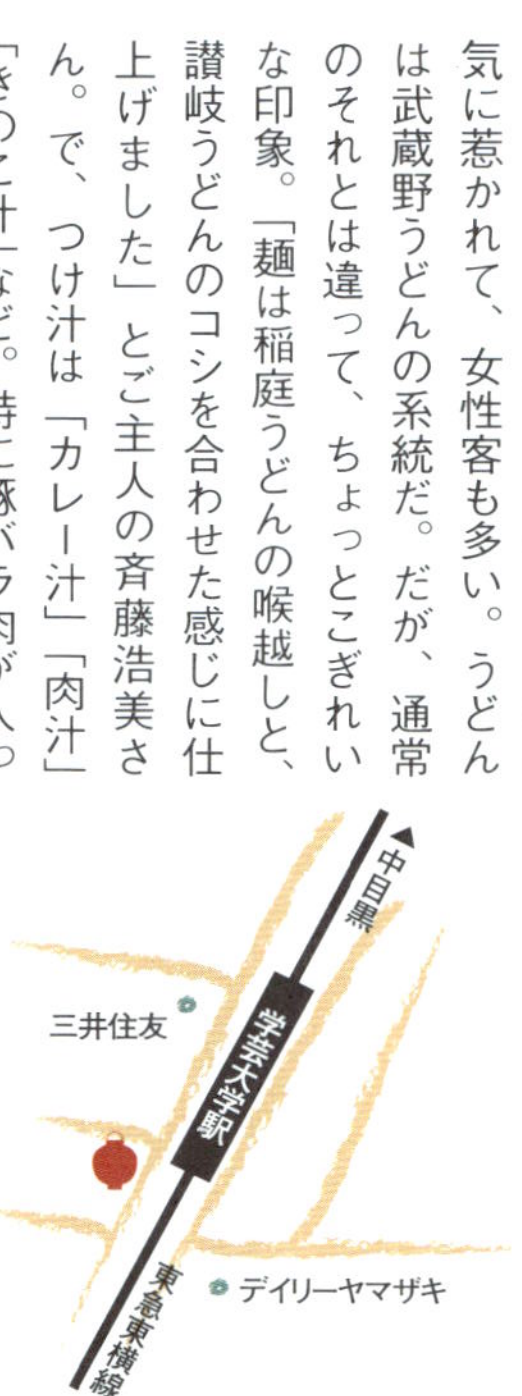

Data

ひろま

東京都目黒区鷹番 3-5-1

☎ 03-3794-3400

営業時間／11:30-15:00（14:30 L.O.）
18:00-22:00（21:30 L.O.）
㊏㊐㊗ 11:30-17:00（16:30 L.O.）

定休日／水

おしゃれ系
関西うどん
神奈川／たまプラーザ

店内にもうどんにも京都の良さが

洛中おうどん げた屋

薬膳しじみうどん 980円

一歩足を踏み入れれば、そこは京都。それが『洛中おうどん げた屋』。もともとは世田谷の砧公園の屋台からスタート。黒を基調とした店内はまるで京町家。そこに祇園祭で使用される提灯が趣きを添える。うどんも京風がメイン。北海道産の昆布や関西から仕入れるカツオ節のブレンドに淡口醤油。はんなりとした良さが全面に出ただし。香川の小麦粉「丸香の白椿」のみで打ったうどんもなめらかだ。うどんメニューは20数種類。名物の「薬膳しじみうどん」（980円）は、大きなしじみがゴロゴロ入り、しじみの旨味がだしに合わさる、珍しき、美味なる一品。料理は全て化学調味料を使用しない。さらに夜は「京角煮」や「京つけもの五種」など一品料理も充実する。そんな引き出しの多さも自慢。

Data

洛中おうどん げた屋

神奈川県川崎市宮前区水沢 2-3-16
☎ 044-976-6471
営業時間／ 11:30 ～ 15:00 (14:30 L.O.)
18:00 ～ 22:30 (22:00 L.O.)
㊏㊐㊗ 11:30 ～ 22:00 (21:30 L.O.)
定休日／月（祝日の場合は営業）

これであなたも「超うどん通!?」

超うどん検定ベスト20

完璧なるうどん通をめざすなら、さまざまなウンチクも必要だ。厳選された20問に挑戦して真のうどん通まっしぐら!

問題1

「饂飩蕎麦発祥之地」の石碑があるお寺は?

承天寺

うどんは中国から伝来した料理ですが、伝来の地には「香川」「博多」「長崎五島」の3説があります。このうち博多説では聖一国師が鎌倉時代に製法技術を持ち帰ったのが最初とされ、承天寺に「饂飩蕎麦発祥之地」の石碑が建っています。

問題2

鍋焼きうどんが誕生したのは江戸時代、明治時代、大正時代、昭和時代のどれか?

江戸時代

正確な年代は不明ですが、元治2年(1865年)の歌舞伎、市村座初演の『粋菩提禅悟野晒(すいぼだいさとりののざらし)』という芝居の中で「この頃はやる鍋焼きうどん」という言葉が登場しています。

問題3

「土三寒六常五杯」とは何でしょう?

「塩加減」を表した古くからの口伝

うどんは小麦粉と塩と水で作ります。土(暑い時)は水3杯に対して塩1杯、寒(寒い時)は水6杯に対して塩1杯、通常は水5杯に対して塩1杯。これが古くから言われていることですが、現在はもっと塩分濃度が低いです。

問題4

ご当地うどんで麺に塩を使わないのはどこでしょう?

名古屋・味噌煮込みうどん

通常のうどんには塩が入っています。そのため茹でると塩分が抜けて、そこに水分が入り、柔らかくなります。ですが名古屋の味噌煮込みうどんは塩を使用しません。そのため煮込んでも硬い食感が味わえます。

問題5

すかし打ちとはどこのご当地うどんの打ち方でしょう？

【 **讃岐うどん** 】

讃岐うどんでは「巻き延し」といって、麺棒に生地を巻いたまま台上を転がして延すやりかたがあります。それを戻すときに少し生地を浮かせながら軽くたたきつけるのを「すかし打ち」といいます。

問題6

釜あげうどんと湯だめうどんの違いは？

【 **ゆでた後に水で締めるか締めないか** 】

讃岐うどんなどで言われます。「釜あげうどん」はゆでた麺を直接に提供するうどんです。一方、「湯だめうどん」はゆでた麺をいったん冷水で締め、もう一度熱湯にくぐらせてから提供するうどんです。

問題7

そうめんとひやむぎの違いは？

【 **油を使用するか否か** 】

「そうめん」も「ひやむぎ」もうどん同様に小麦粉と塩と水で作りますが、生地を団子状にしてから細く延す製法です。「そうめん」は延す時に油を使用しますが、「ひやむぎ」は油は使用しないで作ります。

問題8

打ち粉って何でしょう？

【 **打つときにまぶす粉** 】

打ち粉は、うどんなどを打つときに、まぶす粉のこと。こねた塊を延す際に、のし板や麺棒にくっつくのを防ぐために振りかけます。通常は小麦粉ですが、片栗粉やコーンスターチなどを使用する店舗もあります。

問題9

「かえし」とは何でしょう？

【 **白だしと共にうどんだし(汁)を形成するもの** 】

「たれ」という店舗も。醤油とみりん、砂糖などで作り、2週間から一ヶ月程度寝かせてから使用することが多いです。博多うどんのようにかえしを作らず、直接にだしに醤油などをあわせるところもあります。

問題10

「水沢うどん」「讃岐うどん」「吉田うどん」このうち日本三大うどんでないところは？

【 **吉田うどん** 】

吉田うどんは最近、町おこし的に注目されているご当地うどんです。通常は「稲庭うどん」「水沢うどん」「讃岐うどん」を日本三大うどんといいますが、水沢の代わりに大阪、博多、五島が入ることもあります。

問題11

讃岐にうどんを伝えたのはだれでしょう？

空海

平安時代初期に、遣唐使と共に中国からうどんを持ち帰ったのが空海。香川ではこれを最初にうどんが伝来したとみなし、香川がうどん伝来の地という説を取っています。

問題12

ＡＳＷとはなんでしょう？

オーストラリアの小麦

うどんに使用される小麦粉は外国産がほとんど。オーストラリア、アメリカ、カナダから輸入しています。このうちオーストラリア産小麦で有名なのがＡＳＷ（オーストラリア・スタンダード・ホワイト）です。

問題13

「水沢うどん」「吉田うどん」「伊勢うどん」このうち麺が一番硬いのはどれでしょう？

吉田うどん

吉田うどんは日本一硬いご当地うどんとも呼ばれ、がっしりとした噛みごたえのある食感が特徴です。水沢うどんは太麺ですが弾力のある仕上がり。伊勢うどんは茹で時間が40分から1時間の麺で、ふわふわでもっちり。

問題14

京都のたぬきうどんとはどのようなうどんでしょう？

あんかけうどん

「たぬきうどん」は地域によって料理が違います。東京では、揚げ玉の載ったうどんですが、京都ではあんのかかったうどんを指します。大阪で「たぬき」というと油揚げの載った、東京での「きつねそば」のことです。

問題15

讃岐うどん店の形態「セルフ」とはなんでしょう？

自分でうどんを取り、麺をゆがき、席まで持っていくシステム

香川には「一般系」「製麺所系」「セルフ系」のうどん店があります。一般系は席でオーダーして商品を待つ店、製麺所系は製麺所に併設された店、セルフ系は自分で商品を取りにいく店。麺はお店の人がゆがいてくれます。

問題16

「ひやひや」「釜玉」「釜あげ」、このうち『山越』で誕生したメニューはどれでしょう？

釜玉

「釜玉」は釜あげうどんを器に入れ、生卵を載せたメニュー。醤油をかけて混ぜて食べます。元祖は香川の『山越』といわれています。「ひやひや」は香川の『宮武』で誕生しました。「釜あげ」は『長田』などが有名です。

問題17

ご当地うどんで、日本3大釜あげうどんはどこでしょう？

ひっぱりうどん、讃岐うどん、宮崎うどん

いずれの地域も「釜あげ」というと、釜あげにしたうどんをつけ汁で食べるスタイル。ですが、山形のひっぱりうどんは薬味に納豆を入れるのが定番。讃岐の釜あげうどんはつけ汁が醤油濃いめ、宮崎は甘めのつけ汁と地域によって味が違います。

【　　】

問題18

讃岐うどんを有名にしたタウン誌『TJ KAGAWA』の元編集長は？

田尾和俊さん

平成元年にスタートした「ゲリラうどん通ごっこ」をまとめた『恐るべきさぬきうどん』が大ヒットし、讃岐うどんの魅力が全国に紹介されるようになりました。ちなみに田尾さんは現在、四国学院大学教授も勤めています。

問題19

カップうどん『赤いきつね』（東洋水産・通称マルちゃん）はなぜ「赤」なのでしょう？

パッケージの色を赤に決めたから

もともとは昭和50年（1975年）に『マルちゃんのきつねうどん』として発売。その後、他社競合商品が登場したため、差別化のためにパッケージを赤くして、昭和53年（1978年）に『赤いきつね』として発売しました。

【　　】

問題20

「韓国のカルグクス」「ベトナムのフォー」「イタリアのパスタ」「ハワイのサイミン」、これらのうち、うどんの仲間でないのはどれでしょう？

ベトナムのフォー

韓国のカルグクスは小麦粉をねって作る麺料理です。イタリアのパスタも小麦粉が原料になっています。ハワイのサイミンは日本のラーメンに似ていますがエビでスープを取ります。ベトナムのフォーは米麺です。

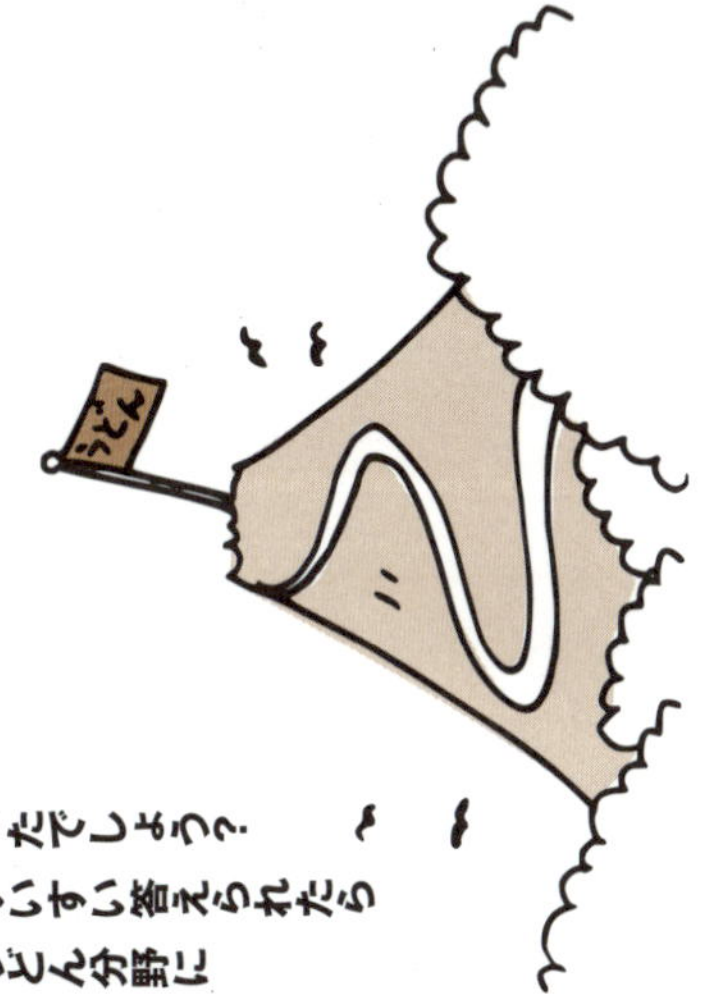

いかがだったでしょう？
これらをすいすい答えられたら
いろんなうどん分野に
精通している証拠。
答えられなかった方も
これから覚えて
超うどん通をめざしましょう♪

まだあるうどん店

首都圏や讃岐にはまだまだ美味しいお店がたくさん。その中からさらなるオススメ店をご紹介。いろんな系統のうどん店を巡ってお気に入りの味を見つけよう！

はんつ遠藤

加須うどん　子 亀

加須の名物「冷や汁うどん」。それを有名にしたのが「子亀」だ。昔ながらの手打ち製法の艶光りした滑らかな麺を盛り、冷や汁と呼ばれる味噌仕立てのつけ汁でいただく。ふんわりとした甘みがコシの強い麺に絡む。

埼玉県加須市諏訪
1-15-6
☎ 0480-62-2876
11:00-20:00
木曜休み
♥冷や汁うどん 540円

武蔵野うどん　うちたて家

池袋で人気を博す武蔵野うどん。せいろに盛られたうどんは太くて、がっしり。噛み応えのある骨太タイプだ。そこに、豚バラ肉などの入った肉汁は、武蔵野系の王道スタイル。木目調の清潔な店内も魅力。

東京都豊島区南池袋
3-13-17
☎ 03-3980-3361
11:00-21:00
無休
♥肉汁もりうどん普通もり 730円

武蔵野うどん　きくや

開店前から行列。数人がかりで仕込むうどんは、地粉を使用したエッジの立ったがっしりタイプ。オススメは麺３玉と天ぷら、海苔の乗った「Ｌミックス」。汁はほんのり甘めで、豚肉の旨みが溶け込んでいる。

東京都東村山市廻田町
2-12-13
☎ 042-394-9141
11:00-13:30 ごろ
売り切れ次第閉店
無休
♥Ｌミックス 600円

武蔵野うどん　小島屋

武蔵野うどんの老舗。薪を使用した釜で麺を茹でる。地粉を用いた、ほんのりと灰色がかった太めの麺。それを豚バラ肉と自家製長ネギの入った、醤油ベースのつけ汁でいただく。トッピングの天ぷらも人気だ。

東京都東村山市野口町
3-10-3
☎ 042-391-2638
10:00-14:00ごろ
売切れ次第閉店／日曜祝日休み／臨時休業あり
♥肉汁うどん 650円

武蔵野うどん　武蔵野うどん

和風の落ち着いた店内。地粉などをブレンドした太めでやや硬めの麺に、すっきりつけ汁。季節の野菜や富山直送の白エビなどが入ったかき揚げも美味。その他、海鮮物を使用したメニューも話題だ。

東京都府中市府中町1-5-5
☎ 042-368-6340
11:30-24:30(24:00 L.O.)
日祝 11:30-23:30(23:00 L.O.)
無休
♥かき揚げもり 700 円

武蔵野うどん　藤店うどん

大きな駐車場もある繁盛店。うどん打ちが見れるのも食欲をそそる。つるつると輝く麺に肉汁の王道スタイルだが、特に国産高級カツオ節をふんだんに使用するこだわりも。すっきりとした汁も食べやすい。

埼玉県さいたま市西区三橋6-14-7
☎ 048-624-2509
10:00-15:00
日祝休み
♥肉汁うどん 600 円

武蔵野うどん　田舎っぺ 北本店

本店は熊谷。広い駐車場に大きな店構え。常に営業時間中も専属の職人がうどんを延ばして切っている。普通盛りでも 450g ある麺は食べ応えもあるがっしりとした仕上がり。やや甘めの濃い醤油汁があとを引く。

埼玉県北本市深井7-159-2
☎ 048-541-4137
10:00-15:00
無休
♥きのこ汁うどん 600 円

名古屋うどん　でら打ち

名古屋出身の神野店主。本場で修業を積み、東京で店を構えた。オススメは、ころうどん。２日がかりで作る粘りのあるもちもち麺に、「ころ」と呼ばれるすっきりとしてほろ苦く、ほのかに甘い醤油だしがかかる。

東京都品川区旗の台2-7-3
☎ 03-3787-0591
11:30-15:00
17:30-22:00 (21:30 L.O.)
月曜休み
♥ころうどん＋半熟煮玉子 600 円

まだあるうどん店

関西うどん　夢吟坊（むぎんぼう）

和を基調とした落ち着いた内装。関西、特に京都的なうどんで、ふんわりとした優しい麺に、カツオや薄口醤油などで取ったはんなりとした汁がかかる。エビやごぼうなどのサックサクで量の多いかき揚げも美味だ。

東京都世田谷区池尻 3-30-2
☎ 03-3487-4811
11:30-14:00（土15:00）
18:00- 翌 4:00
（日祝 11:30- 翌 2:00）
第２火曜休み
♥かき揚げうどん 890 円

讃岐うどん　おぴっぴ

新橋の『おぴっぴ』出身の上野さん。イチオシは「釜揚げうどん」。外側がふっくらで柔らかく、それでいて中はコシがあるうどんに、濃いめでほんのり甘さが香る醤油つけ汁がイイ。奥さんの揚げる天ぷらも美味。

東京都板橋区赤塚 2-5-1
☎ 03-3930-3726
11:30-14:00　17:00-20:00
金曜、第２土曜休み
♥釜揚げうどん（野菜天ぷら付き）780 円

讃岐うどん　さぬきのうどんや

カウンターのみの店内。昼時には行列も。加水率が高めで喉越しの良いうどんだ。オススメは「ぶっかけ」。カツオや昆布などで取っただしとの相性バツグン。目の前に並ぶかき揚げなどの天ぷらも食欲をそそる。

東京都新宿区住吉町 6-12
☎ 03-3350-9688
11:30-14:00
16:30-19:30
土日祝日休み
♥ぶっかけ天ぷら 480円

讃岐うどん　和田

中野の『四国屋』が大好きで、通いつめて会得した和田さん。外側がプルプルで中がモチモチの噛み応えのあるうどんが、淡口ながら旨みが詰まった汁にぴったり。量も多く、存在感のある一杯が味わえる。

東京都杉並区成田東 5-15-24
☎ 03-3398-5778
18:00- 翌 1:00 ごろ
日曜祝日休み
♥肉きざみうどん 1100 円

讃岐うどん

葱坊主

長田さんをはじめ香川出身の５人で共同経営。香川の粉を使用した瑞々しいうどんが特徴だ。面白いのが「おくら釜玉うどん」。玉子の黄身とおくらが載ったメニューで混ぜるほどにネバネバ感が増し、独特のぬめり具合に。

東京都武蔵野市吉祥寺本町 1-1-9　2F
☎ 0422-29-0525
11:00-15:30 17:30-22:30
(金土 17:30-23:00)(日 17:30-22:00)／無休
♥おくら釜玉うどん 730 円

讃岐うどん

かおりひめ

香川と愛媛のアンテナショップ『せとうち旬彩館』内。香川の粉を用いたうどんは、活き活きとした輝きを放つ。それが一番分かるのがぶっかけうどん。生醤油のだしの旨さと具材の鮮度のよさに驚く。

東京都港区新橋 2-19-10
せとうち旬彩館 2F
☎ 03-5537-2684
11:00-16:30
無休
♥生醤油うどん(生卵付) 600 円

讃岐うどん

根の津

銀座の『さか田』で修業を積み、2003 年に独立。2 日がかりの手作りうどんは、加水率が高く、しなやかだ。濃口醤油にカツオなど魚だし香るツユも味わい深い。民家を改築した和の風情がよりおいしさを UP させる。

東京都文京区根津 1-23-16
☎ 03-3822-9015
11:30-14:30
(土日祝は -15:00)
17:30-21:00 (20:20 L.O.)
日曜日は昼のみ営業
月曜休み (祝日の場合は営業、翌日休み)
♥ぶっかけ 600 円

讃岐うどん

賞 讃 (しょうざん)

バラックのような簡素な作りは本場讃岐さながら。太めでもっちりとした仕上がりの麺。「ぶっかけきのこ」はそれに温かいだしがかかり、５種類のきのこなどが載っている。昼時のみ営業で、連日大盛況の人気店だ。

東京都葛飾区東四つ木 2-18-4
☎ 03-3696-5665
11:30-14:30
日曜祝日休み
♥ぶっかけきのこ 600 円

讃岐うどん　讃 洲（さんしゅう）

役者の吉田さんは仕事との両立を考え、親戚の香川『鶴丸』で修業し、店を構えた。むにゅーっとしたしなやか麺に、さらっとしたつゆがかかる。その上に載る刻み海苔や、サックサクの天ぷらなども味わい深い。

神奈川県中郡大磯町大磯 1161-19
☎ 0463-61-1623
11:30-20:00
（火 11:30-14:00）
火曜の夜、水曜休み
♥ぶっかけ天 950 円

讃岐うどん　うどんカフェ

手打ち讃岐うどん＆手打ち蕎麦、オーガニックコーヒーの店。健康に気づかう姿勢が嬉しい。中太タイプのつややかなうどんに、甘辛風味のつけ汁が絶妙だ。奥さんの西井さんはママ・チョイスという団体の代表も。

神奈川県横浜市青葉区奈良 1-19-1 鴨志田第一ビル 10
☎ 045-961-0830
平日 11:00-15:00 (L.O.)
土 11:00-15:00 (L.O.)
17:30-19:30 (L.O.)
日祝 11:00-15:30
月曜休み
♥ピリ辛味噌つけ麺 780 円
（セット 830 円）

讃岐うどん　讃岐うどん こんぴら

もちもちでコシの強いうどんは讃岐風、昆布やカツオ節の効いただしは関西風と、いわば両者のいいとこ取り。そこに、プリップリのエビなどが付く「釜あげ天ぷらうどん」が大好評。スタッフの笑顔もすがすがしい！

神奈川県横浜市都筑区中川 4-8-65
☎ 045-911-5802
11:00-14:30 17:00-21:30 (L.O.)／木曜、第 2，4 水曜休み（祝日の場合は営業）
♥釜あげ天ぷらうどん 800 円

讃岐うどん　やま泉

大宮駅至近で数十年。香川の『かな泉』出身の山田店主。もちもちで弾力のあるうどんに、ヒガシマルの醤油を使った濃いめの汁。いりこなどは苦味が出ないよう、頭と腹わたを丁寧に取る。器も砥部焼きで本場さながら。

埼玉県さいたま市大宮区大門町 2-77
☎ 048-641-2178
11:30-19:50
水曜休み（祝日の場合は翌日休み）
♥ざるうどん 700 円

讃岐うどん

うどん家

店主の橋澤さんはＯＬを辞め、うどん店を。だしも自分でかける完全セルフ方式。エッジの立った弾力のある麺に、関西風のカツオだし香るすっきり汁。栄養のバランスも考えて十数種類の天ぷらを置くこだわりも。（移転予定あり）

埼玉県北足立郡吹上町富士見 1-1-22
☎ 048-549-2608
11:00-14:00
土日祝 11:00-15:00
火曜休み
♥かけうどん（普通） 350円

讃岐うどん

イーハトーボ

緑豊かな立地。香川の名店『山内』出身。エッジの立ったコシのあるうどんだ。塩や淡口醤油、濃口醤油などを四国から取り寄せている、正統派讃岐うどん。軽度の障害者などを受け入れる自立支援施設の一面も。

埼玉県大里郡寄居町富田 4035-4
☎ 048-582-2482
10:30-14:30
麺がなくなり次第閉店
月曜火曜休み（祝日の場合は営業、翌日休み）
♥醤油うどん（冷）小 270円

讃岐うどん

四万十

みどり台から千葉駅近くへ移転。民家を改装した和める店内。つややかな麺に淡口醤油で仕上げたほんのり甘めの汁が合う。「四万十セット」は器や見ためにもこだわり、粋なイメージただよう。二宮夫妻の優しさも魅力。

千葉県千葉市中央区新田町 35-3
☎ 043-241-7200
11:30-14:30 18:00-21:00
麺がなくなり次第閉店
火曜の夜休み
♥天ざる 1050円

讃岐うどん

源平総本店

創業は約 40 年前。千葉県で最初の讃岐うどん専門店だ。個室や宴会場もある大型店舗だが、こだわりが随所に。イチオシは「源平うどん」。イクラがのる醤油だしうどんと、あさりの旨みの染みたうどんが両方楽しめる。

千葉県松戸市松戸新田 556
☎ 047-362-0522
11:00-21:30 (L.O.)
月曜休み（祝日の場合は営業、翌日休み）
♥源平うどん 940円

博多うどん　博多うどん

創業は約40年前。八重洲地下街にあり、会社員や博多出身者に人気。しっとりと柔らかなうどんはまさしく博多うどん。昆布、椎茸、サバなどで取った優しい味わいのだしがかかる。細切りのごぼう天もオススメだ。

東京都中央区八重洲
2-1-1 八重洲地下街南1号
☎ 03-3274-6971
11:00-22:30
土日祝 11:00-20:00
無休
♥ごぼう天うどん 620円

オリジナルうどん　くろさわ

永田町の『黒沢』が開いたうどん店で、そば打ち名人の高橋邦弘さんが監修。やや細めのつるつるとした自家製うどん。「カレーうどん」は、みじん切りの人参などを炒めたあとスパイスで仕上げた逸品。酒蒸し黒豚もいい。

東京都港区六本木
6-11-16
☎ 03-3403-9638
11:30-15:00(14:45L.O.)
17:00-23:00(22:30L.O.)
土日11:30-23:00(22:30L.O.)
火曜休み
♥黒豚カレー南蛮 1260円

オリジナルうどん　手打ちうどん 家康

「日本のうどん百選」にも選ばれたうどん店。麺に玉子を練りこんだ、独特のコシが特徴だ。一興なのが「唐うどん」。オリエンタルテイストの甘辛スープに、うどんをつけて味わう。日本と東南アジアの融合的作品

東京都台東区入谷
1-23-2
☎ 03-3874-8789
11:30-14:00
18:00-23:00
無休
♥唐うどん 1160円

オリジナルうどん　野らぼー 錦町本店

和風のこじゃれた飲み屋さんといった感じ。香川の粉を使用したうどんは、讃岐そのもののエッジの立ったがっしりタイプ。イチオシは「野らぼーうどん」。マルオの醤油などを用いたすっきりつゆに、煮干天などが載る。

東京都千代田区神田錦町
1-8-11
パシフィック錦ビル B1
☎ 03-3295-5121
11:30-14:00　17:00-22:00
土 11:30-14:00
日曜祝日休み
♥野らぼーうどん 750円

オリジナルうどん

釜あげうどん 高田屋

きゅうりが載る「冷や汁うどん」をはじめさまざまなメニューで話題。自家製うどんは群馬の地粉と讃岐の製粉会社から仕入れる粉をブレンドしている。「地鶏鍋焼きうどん」はまろやかな味噌スープで心まであたたまる。

東京都文京区本郷
2-31-2
☎ 03-3815-5659
11:30-15:00 17:00-20:00
土 11:30-19:00
日曜祝日休み
♥地鶏鍋焼うどん 1300円

オリジナルうどん

ふじの里

日本料理出身の関店主。「日本一のうどんを作る」べく、日々研究を重ねる。細めの麺は加水率が高く、つややか。そこに枕崎産のカツオなどを厳選食材を使用した汁が合う。常に新作にも挑戦する姿勢も人気の秘訣だ。

神奈川県横浜市港南区
港南台 3-1-3
港南台 BIRDS3F
11:00-22:00
無休
♥天下ごめん天ぷら付
990円

オリジナルうどん

釜卵うどん屋

アットホームな林川夫婦が切り盛り。注文を受けてから茹でる麺は、コシの強さを4段階から選べ、小麦粉の風味も活きる。人気メニューは「冷やし大仏うどん」。大仏の笑顔をあしらえた具に、思わずこちらも笑顔に。

神奈川県鎌倉市長谷
3-7-21
☎ 0467-22-2264
11:00-17:00 ごろ
麺がなくなり次第閉店
不定休
♥冷やし大仏うどん 800円

オリジナルうどん

六 三（むつみ）

そば店でおいしいうどんも出す『六三』。断面を斜めに切ったうどんは、細めだがコシがある。「ごまだれせいろ」は宗太節などでとっただしに本がえしやねりごまをブレンド。ほんのり甘めのテイストが楽しめる。

神奈川県横浜市港北区
日吉本町 1-20-13
☎ 045-562-3030
11:00-21:00
日曜休み
♥ごまだれせいろ 900円

まだあるうどん店

オリジナルうどん

ぶんぶく

お座敷などもある広い店内。名物は「笹切りうどん」。うどんに熊笹の粉末が練りこまれている。これをせいろで味わうのがオススメ。笹の香りがほんのり香る。デザートつきのレディースセットは男性も注文可能だ。

埼玉県所沢市山口
502-3
☎ 04-2922-7287
11:00-22:00
(月 11:00-21:00)
火曜休み
♥レディース定食 A 966 円

讃岐うどん

池 上

年期の入った建物でルミばあちゃんが元気にうどんを打つ。その光景に連日大盛況だ。びっくりするほどつるつるでもちもちの麺は 1 玉 70 円の低価格。卓上の鎌田醤油をさっとかけて。生卵も 30 円と驚愕の安さだ。

香川県高松市鶴市町
1009
☎ 087-882-3263
10:00-13:00 ごろ
16:00 ごろ -17:00 ごろ
無休
♥1 玉 70 円

讃岐うどん

うどん棒 本店

昭和 57 年創業。日本料理店のような内装。麺はやや細めで、しなやかな食感のあるうどんだ。「ひや天うどん」は、いわゆるぶっかけうどんにエビなどの天ぷらが載ったスタイル。爽やかな汁も好印象だ。

香川県高松市亀井町
8-19
☎ 087-831-3204
11:00-21:00
無休
♥ひや天うどん 600 円

讃岐うどん

五右衛門

高松市内の繁華街の一画。翌 3 時まで営業の深夜型うどん店だ。店内にはカレーのスパイシーな香りがただようほど、イチオシは「カレーうどん」。まろやかなスープに香辛料がじわり。がっしり麺との相性もぴったりだ。

香川県高松市古馬場町
13-15
電話番号不掲載
18:00- 翌 3:00
日曜祝日休み
♥カレーうどん 600 円

讃岐うどん　大円

香川でも珍しい「ぶっかけうどん専門店」。ブラウンを基調とした和の空間が広がる。よりのかかったしなやかな麺に、濃いめのだしがぴったり。エビの天ぷらやとろろなどが載る「スペシャルぶっかけ」がお得。

香川県高松市今里町1-28-27
☎ 087-835-5587
11:00-18:30
火曜休み
♥スペシャルぶっかけ 560 円

讃岐うどん　中西

朝５時半から営業。朝から駐車場が満杯の人気店。完全セルフ方式で、うどんを受け取り、自分でだしをかけ、席へと運ぶ。いりこのバシっと効いたつゆに、なめらかな中太麺。思わず一気に完食するほどの旨さ。

香川県高松市鹿角町899-3
☎ 087-885-1568
5:30-16:00 ごろ
祝 5:30-14:00 ごろ
日曜休み
♥１玉 180 円

讃岐うどん　和奏（わかな）

セルフ方式のうどん店。明るくて開放的な雰囲気だ。麺は喉越しの良いエッジの立ったタイプ。ここには「釜玉たらちゃん」という名物メニューが。釜あげうどんに生卵とペースト状のたらこが載っている。

香川県高松市多肥下町179-1
☎ 087-865-3743
9:00-20:00
無休
♥釜玉たらちゃん 350 円

讃岐うどん　おか泉

休日は千人が訪れるという大評判店。入口ではお土産のうどんなども販売している。もちもちとした煌びやかな麺は小麦粉本来の良さが活きる。それを大根おろしの醤油のみで味わう「生じょうゆ」がイチオシだ。

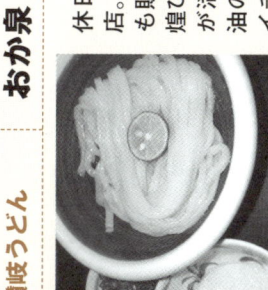

香川県綾歌郡宇多津町浜八番丁 129-10
☎ 0877-49-4422
11:00-20:30
月曜休み
♥生じょうゆ(冷) 400 円

讃岐うどん　小浜食堂

磯の香りただよう漁港の近く。うどんのほか、様々なメニューが。「湯だめうどん」はやや平たい、柔らかめの角がないうどん。お餅のような食感が珍しい。地域がら、濃いめで甘めの醤油つけ汁が地元で評判だ。

香川県観音寺市室本町267
☎ 0875-24-0250
11:00-20:00
不定休
♥湯だめうどん 270 円

讃岐うどん　彦江製麺所 (ひこえせいめんじょ)

製麺所の傍らにカウンターのみのうどん店が併設されている。自分でだしをかける完全セルフ方式。がっしり、ぎっしり詰まった印象の硬派なるうどん。そこにまろやかないりこのだしがかかる。朴訥で素朴な仕上がりだ。

香川県坂出市横津町3-6-27
☎ 0877-46-3562
8:40-13:30
日曜休み
♥うどん (小) 130 円

オリジナルうどん　日の出製麺所

昭和 5 年創業の老舗の製麺所。製造および卸、通販を行っている。こちらでは昼時の 1 時間のみ店頭で出来たてのうどんが味わえる。もちもちとした食感の中太麺を、テーブル席に座って、生醤油などで味わおう。

香川県坂出市富士見町1-8-5
☎ 0877-46-3882
11:30-12:30 ごろ
不定休
♥小 100 円

讃岐うどん　橙 家 (だいだいや)

2002 年に松浜さんが 20 代で始めたうどん店。洒落た店構えで女性にも人気だ。オススメは「ぶっかけえび天」。むちむちっとしたうどんに、甘めのぶっかけだし。サックサクのエビや茄子などの天ぷらも GOOD。

香川県三豊市詫間町詫間680-38
☎ 0875-83-8418
10:00-15:00
火曜休み
♥ぶっかけえび天 540 円

讃岐うどん

長田 in 香の香

壁沿いにカウンター席。長テーブルが並ぶ光景は集会所のよう。釜あげが有名で、見た目がっしりの、実はもちもちな食感が人気だ。卓上のとっくりには、濃い目の醤油風味のだしが。ガツンとしたいりこの風味がいい。

香川県善通寺市金蔵寺町本村 1180
☎ 0877-63-5921
9:00-18:00
木曜休み
♥釜あげ（小） 250 円

讃岐うどん

かめびしや

宝暦 3 年創業の醤油製造店「かめびし」。こちらで土日祝のみうどんを提供。イチオシは「もろみうどん」。醤油になる前のもろみがかけうどんに載る。独特の苦味と酸味が面白い。「へんこつ部屋」ではだし調合も可能。

香川県東かがわ市引田 2174
☎ 0879-33-2555
11:00-15:00
土日祝のみ営業
♥もろみうどん 400 円

讃岐うどん

小懸家（おがたや）

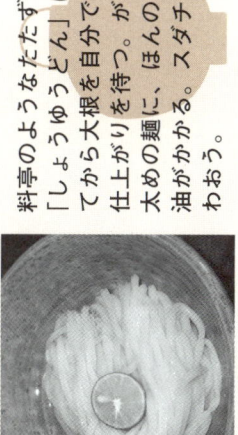

料亭のようなたたずまい。人気の「しょうゆうどん」はオーダーしてから大根を自分でおろしながら仕上がりを待つ。がっしりとした太めの麺に、ほんのり甘めの生醤油がかかる。スダチをしぼって味わおう。

香川県仲多度郡まんのう町吉野 1298-2
☎ 0877-79-2262
9:30-18:00
火曜休み
♥しょうゆうどん（小） 400 円

讃岐うどん

たむら

営業開始前から数十名の行列！器にうどんを入れてもらいだしをかける完全セルフ。極太タイプのうどんは、がっしりとして、喉越しバツグン。いりこだしの効いた汁も、すっきりとした美味しさにあふれている。

香川県綾歌郡綾南町陶 1090-3
☎ 087-876-0922
9:30-13:00 ごろ
麺がなくなり次第閉店
日曜休み
♥ 1 玉 100 円

おわりに

数年前のうどんブームが一段落したあと、首都圏ではTVや雑誌などのメディア露出は少なくなっていたが、春先くらいから徐々にUP。その原因はやはり映画『UDON』の影響が強いだろう。豪華なキャスト、讃岐の風景、そしておいしそうな実食シーン。それらを見たら、もはやうどんを食べずに暮らすことは不可能だ。とともに、「うどん」が注目され、やっぱりまたうどん店を回る人も増えてきた。回ってみて、人は初めて気付く。「あれ？ こんなお店あったっけ？」そう、実はブームのあとにも続々と実力のあるうどん店がOPENしていたのだ。そんなステキなお店ばかりを150軒。もちろん讃岐うどんはおいしいし、その他のご当地うどんもスゴイぞ。

出来れば全店行って欲しいけれど、そんなに時間も無いよ～って方へ。首都圏では、讃岐だったら「かがり火」、釜揚げだったら「釜竹」、オリジナルだったら「エン座」、隠れ家

はんつ遠藤

だったら「敬亭山」はぜひぜひ。

最近はインターネットをなさる方も増えてきたので、せっかくなので食べ歩き日記をUPするのもいいだろう。ホームページ、ブログ、SNS、それは各自お好みで。その時に、単に「おいしかった」とかだけじゃなくて、「壁にこんなのが貼ってあった」とか「ご主人はどこそこで修業した」とかプラスアルファがあると喜ばれるぞ。「ニューオープン店を発見！」なんて日記がUPできれば、大注目、間違いなし！

まずは近所からスタートして、週末とかはちょっと遠くへ。さらにお休みが取れればぜひ香川ツアーへ。出張や旅行の途中に全国のうどん店を訪問するのもいいだろう。ぜひその際には、本書を読みながら回れば、すぐに「超うどん通」になること、うけあい！

本書を活用して、おいしいうどん店をいろいろ回って、ステキなうどんライフを満喫しよう♪

うどん店一覧（五十音順）

	店　名	系　統	場　所	ページ
あ	青山しまだ	オリジナルうどん	東京／新宿	p.72
	赤坂有薫	博多うどん	東京／赤坂	p.84
	赤とら	讃岐うどん	神奈川／横須賀	p.86
	あけぼの庵	氷見うどん	富山／氷見	p.34
	あのう吟水	オリジナルうどん	千葉／君津	p.13
	綾	讃岐うどん	神奈川／宮前平	p.101
	彩め	オリジナルうどん	東京／十条	p.106
	あらた	讃岐うどん	東京／八王子	p.46
	イーハトーボ	讃岐うどん	埼玉／寄居	p.123
	家康	オリジナルうどん	東京／入谷	p.124
	池内	讃岐うどん	香川／綾上町	p.67
	池上	讃岐うどん	香川／高松	p.126
	伊勢陣	伊勢うどん	東京／恵比寿	p.80
	いちばん	讃岐うどん	香川／三豊	p.65
	一休庵	あしたばうどん	東京／八丈島	p.36
	田舎っぺ	武蔵野うどん	埼玉／北本	p.119
	いらっしゃい	関西うどん	東京／鶯谷	p.100
	うたた寝	讃岐うどん	東京／大泉学園	p.79
	うちたて家	武蔵野うどん	東京／池袋	p.118
	うどんカフェ	讃岐うどん	神奈川／こどもの国	p.122
	うどん棒	讃岐うどん	香川／高松	p.126
	うどん家	讃岐うどん	埼玉／吹上	p.123
	うぶしな	讃岐うどん	香川／宇多津町	p.65
	エン座	オリジナルうどん	東京／大泉学園	p.98
	おか泉	讃岐うどん	香川／宇多津町	p.127
	小懸家	讃岐うどん	香川／まんのう町	p.129
	岡村屋	加須うどん	埼玉／加須	p.24
	小野	讃岐うどん	神奈川／北与野	p.102
	おぴっぴ	讃岐うどん	東京／赤塚	p.120
か	かおりひめ	讃岐うどん	東京／新橋	p.121
	かがり火	讃岐うどん	東京／上野	p.82
	神楽坂古奈屋	オリジナルうどん	東京／神楽坂	p.110
	釜卵うどん屋	オリジナルうどん	神奈川／長谷	p.125
	釜竹	オリジナルうどん	東京／根津	p.104
	かみや	オリジナルうどん	東京／日暮里	p.77
	かめびしや	讃岐うどん	香川／東かがわ	p.129
	がもう	讃岐うどん	香川／坂出	p.63

かろのうろん	博多うどん	福岡／博多	p.35
川井屋	名古屋うどん	愛知／名古屋	p.33
川野屋	桐生うどん	群馬／桐生	p.32
元祖田丸屋	水沢うどん	群馬／水沢	p.32
きくや	武蔵野うどん	東京／東村山	p.118
喜三郎	讃岐うどん	東京／分倍河原	p.47
金鈍家	オリジナルうどん	東京／西早稲田	p.8
くろさわ	オリジナルうどん	東京／麻布十番	p.124
敬亭山	関西うどん	神奈川／湘南深沢	p.96
げた屋	関西うどん	神奈川／たまプラーザ	p.112
元喜	讃岐うどん	東京／千石	p.10
源藤	讃岐うどん	千葉／五香	p.87
源平総本店	讃岐うどん	千葉／松戸	p.123
糀や	讃岐うどん	東京／堀切菖蒲園	p.44
五右衛門	讃岐うどん	香川／高松	p.126
子亀	加須うどん	埼玉／加須	p.118
小作	ほうとう	山梨／甲府	p.36
小島屋	武蔵野うどん	東京／東村山	p.118
五島伊勢丸	五島うどん	東京／茅場町	p.85
古波久	おしぼりうどん	長野／上山田	p.33
小浜食堂	讃岐うどん	香川／観音寺	p.128
小町	武蔵野うどん	東京／三鷹	p.12
こんぴら	讃岐うどん	神奈川／中川	p.122
権兵衛	関西うどん	京都／祇園	p.34

さ

さか枝	讃岐うどん	香川／高松	p.62
咲き乃屋	讃岐うどん	香川／高松	p.65
桜井うどん	吉田うどん	山梨／富士吉田	p.33
皐月庵	関西うどん	大阪／谷町６丁目	p.34
佐藤養助	稲庭うどん	秋田／稲川町	p.32
さぬきのうどんや	讃岐うどん	東京／曙橋	p.120
さぬき屋	オリジナルうどん	神奈川／鴨居	p.48
澤乃井	宮崎うどん	東京／渋谷	p.78
讃州	讃岐うどん	神奈川／大磯	p.122
四海樓	皿うどん	長崎／長崎	p.37
重乃井	宮崎うどん	宮崎／宮崎	p.35
四万十	讃岐うどん	千葉／千葉	p.123
春月庵	博多うどん	福岡／博多	p.35
湘喜	讃岐うどん	神奈川／茅ヶ崎	p.14

うどん店一覧（五十音順）

	賞讃	讃岐うどん	東京／四つ木	p.121
	SIRAKAWA	讃岐うどん	香川／三豊	p.67
た	大円	讃岐うどん	香川／高松	p.127
	橙家	讃岐うどん	香川／三豊	p.128
	高田屋	オリジナルうどん	東京／本郷三丁目	p.125
	竹や	オリジナルうどん	東京／御茶ノ水	p.50
	谷川米穀店	讃岐うどん	香川／まんのう町	p.63
	玉丁本店	名古屋うどん	東京／東京	p.109
	たむら	讃岐うどん	香川／綾南町	p.129
	田村神社日曜市	讃岐うどん	香川／高松	p.66
	だるま堂	焼きうどん	福岡／小倉	p.37
	茶屋本陣	おきりこみ	長野／松井田町	p.36
	つるとんたん	オリジナルうどん	東京／六本木	p.108
	鶴丸	讃岐うどん	香川／高松	p.62
	てっちゃん	讃岐うどん	香川／丸亀	p.64
	でら打ち	名古屋うどん	東京／旗の台	p.119
	てるてる坊主	オリジナルうどん	東京／江古田	p.56
	天神	オリジナルうどん	東京／湯島	p.54
	てんま	関西うどん	大阪／南森町	p.34
	東京麺通団	オリジナルうどん	東京／新宿	p.55
	とき	武蔵野うどん	東京／東村山	p.22
な	長田 in 香の香	讃岐うどん	香川／善通寺	p.129
	中西	讃岐うどん	香川／高松	p.127
	なかむら	讃岐うどん	香川／飯山町	p.63
	七蔵	稲庭うどん	東京／新橋	p.21
	弐込味亭	名古屋うどん	愛知／名古屋	p.33
	葱坊主	讃岐うどん	東京／吉祥寺	p.121
	根っ子	讃岐うどん	香川／多度津町	p.66
	根の津	讃岐うどん	東京／根津	p.121
	野村屋本店	耳うどん	栃木／佐野	p.36
	野らぼー	オリジナルうどん	東京／小川町	p.124
は	博多うどん	博多うどん	東京／東京	p.124
	花びし茶屋	オリジナルうどん	東京／牛込神楽坂	p.18
	花山うどん	館林うどん	群馬／館林	p.32
	はまんど	讃岐うどん	香川／三豊	p.67
	原屋	オリジナルうどん	東京／浜田山	p.52
	彦江製麺所	讃岐うどん	香川／坂出	p.128
	日の出製麺所	讃岐うどん	香川／坂出	p.128

	平沼田中屋	オリジナルうどん	神奈川／横浜	p.16
	ひろま	オリジナルうどん	東京／学芸大学	p.111
	ふく元　竹酔亭	五島うどん	長崎／上五島	p.35
	ふじ井	関西うどん	東京／恵比寿	p.76
	藤店うどん	武蔵野うどん	埼玉／大宮	p.119
	ふじの里	オリジナルうどん	神奈川／港南台	p.125
	武膳	オリジナルうどん	東京／小川町	p.53
	ふるいち	岡山うどん	岡山／倉敷	p.37
	ぶんぶく	オリジナルうどん	埼玉／西所沢	p.126
	ぼっこ屋	讃岐うどん	香川／高松	p.64
ま	松井うどん	讃岐うどん	香川／三豊	p.67
	松乃家	たらいうどん	徳島／宮川内	p.37
	まなべ	讃岐うどん	千葉／柏	p.40
	水織	武蔵野うどん	埼玉／北本	p.88
	道久製麺所	讃岐うどん	香川／三豊	p.66
	宮川	讃岐うどん	香川／高松	p.64
	宮武	讃岐うどん	香川／琴平	p.62
	むぎきり	武蔵野うどん	東京／一橋学園	p.23
	夢吟坊	関西うどん	東京／池尻大橋	p.120
	武蔵野うどん	武蔵野うどん	東京／府中	p.119
	六三	オリジナルうどん	神奈川／日吉	p.125
	名玄	岡山うどん	岡山／岡山	p.37
	麺許皆伝	吉田うどん	山梨／富士吉田	p.33
	麺むすび	讃岐うどん	香川／高松	p.65
や	やま泉	讃岐うどん	埼玉／大宮	p.122
	山口屋	伊勢うどん	三重／伊勢	p.34
	山越	讃岐うどん	香川／綾川町	p.63
	山せみ	ひっぱりうどん	山形／大江町	p.35
	山本屋総本家	名古屋うどん	東京／浅草	p.20
	やまや	讃岐うどん	千葉／木更津	p.103
	悠讃	讃岐うどん	東京／飯田橋	p.45
	夢茶房	オリジナルうどん	東京／菊川	p.74
ら	龍宮	麦きり	山形／鶴岡	p.36
	六本木 UDON	オリジナルうどん	埼玉／越谷	p.15
わ	和奏	讃岐うどん	香川／高松	p.127
	和田	讃岐うどん	東京／阿佐ヶ谷	p.120
	笑門	讃岐うどん	神奈川／相模原	p.42

プロフィール

フードジャーナリスト & 写真家

はんつ遠藤

1966年東京生まれ。早稲田大学教育学部卒業。海外旅行雑誌のライターを経て、フードジャーナリストへ。全国7ヶ所のフードテーマパークの企画監修もおこなう。店舗取材は年間約800軒で、月の半分は全国を飛び回っている。テレビ朝日『スーパーJチャンネル』準レギュラー。スカパー『旅チャンネル』、ネットTV『GyaO』でもレギュラー番組を持つ。双葉社『週刊大衆』連載中。Yahoo!『うどん検定』も担当、執筆。著書は『ラーメンが好きっ！』（駿河台出版社）、『全国ご当地麺紀行』（ゼネラル・プレス）、『絶品うどん図鑑』（生活情報センター）など10冊。

最強のUDONツアーズ！

首都圏&讃岐のうどんの名店150

～今食べられるもっとも旨い店セレクション～

2006年9月30日初版発行

著　者　　© はんつ遠藤
発行所　　株式会社　駿河台出版社
〒101-0062　東京都千代田区神田駿河台3-7
TEL 03 (3291) 1676 (代)　FAX 03 (3291) 1675
http://www.e-surugadai.com
E-mail: edit@e-surugadai.com
発行人　　井田洋二
編　集　　山田　仁
ブックデザイン・イラスト　　小熊未央
組　版　　Apple & Honey
印刷・製本　　株式会社　三友印刷

Printed in Japan.
ISBN 4-411-4002-6